竹外桃花三两枝，
春江水暖鸭先知。

临行密密缝,
意恐迟迟归。

寒山转苍翠,秋水日潺湲。

流光容易把人抛,红了樱桃,绿了芭蕉。

君子之交淡如水。

流水小桥江路景,疏篱矮屋野人家。

露脆秋梨白，霜含柿子鲜。

远上寒山石径斜，白云深处有人家。

叶圣陶讲给孩子的写作课

⑦ 议论篇

叶圣陶 著

开明出版社
·北京·

图书在版编目（CIP）数据

叶圣陶讲给孩子的写作课. 议论篇 / 叶圣陶著.
北京：开明出版社，2025. 7. -- ISBN 978-7-5131
-9633-8

Ⅰ. G634.343

中国国家版本馆 CIP 数据核字第 2025EE0751 号

责任编辑：卓　玥

YESHENGTAO JIANGGEI HAIZI DE XIEZUOKE
叶圣陶讲给孩子的写作课

作　　者：	叶圣陶　著
出　　版：	开明出版社
	（北京市海淀区西三环北路25号 邮编100089）
印　　刷：	三河市兴达印务有限公司
开　　本：	880mm×1230mm 1/32
成品尺寸：	145mm×210mm
印　　张：	44.5
字　　数：	718千字
版　　次：	2025年7月第1版
印　　次：	2025年7月第1次印刷
定　　价：	198.00元（全八册）

印刷、装订质量问题，出版社负责调换。联系电话：（010）88817647

目录

叶圣陶精讲
002 《作文论》节选
009 胡愈之的《青年的憧憬》

叶圣陶佳作展示
018 谈《小石潭记》里的几句话
021 《愚公移山》小论
024 介绍《经典常谈》(节选)
033 读书与受教育
038 说话与听话
040 两种习惯养成不得(节选)
043 卫生习惯
045 父母的责任
050 读些什么书(节选)

053　木炭习作跟短小文字

058　关于青年的修养（节选）

061　充实的健全的人

065　作文和做人

066　诚于中而形于外

070　爱好和修养

076　关于谈文学修养

079　"民众文学"

085　也要说说乐趣

089　何所为而学习

091　学习和劳动

094　听了一个好倡议

098　升学与就业

101　学习不光为了高考

102　再谈考试

105　关于偶像崇拜

108　"算了，算了"的态度要不得

111 "反正是那么一回事"

112 学问无用论

119 不断的进步

121 名与实

124 身教和言教

127 独善与兼善

134 现实与理想

138 四个有所

142 "瓶子观点"

145 对古今的厚薄

147 人生观

150 和平说

叶圣陶精讲

《作文论》节选

议论的总旨在于表示作者的见解。所谓见解，包括对于事物的主张或评论，以及驳斥别人的主张而申述自己的主张。凡欲达到这些标的，必须自己有一个判断，或说"这是这样的"，或说"这不是那样的"。既有一个判断，它就充当了中心，种种的企图才得有所着力。所以如其没有判断，也就无所谓见解，也就没有议论这回事了。

议论一件事物只能有一个判断。这里所谓一个，是指浑凝①美满，像我们前此取为譬喻的圆球而言。在一回议论里固然不妨有好几个判断，但它们总是彼此一致、互相密接的；团结起来，就成为一个圆球似的总判断。因此，它们都是总判断的一部分，各各为着总判断而存在。如其说有两个或两个以上的判断，一定有些部分与这个总判断不相关涉，或竟互相矛盾；彼此团结

---

① 浑凝：融结为一体。或指有整体感，很结实的意思。

不成一个圆球，所以须另外分立。不相关涉的，何必要它？互相矛盾的，又何能要它？势必完全割弃，方可免枝蔓、含糊的弊病。因而议论一件事物只有而且只能有一个判断了。

议论的路径就是思想的路径。因为议论之先定有实际上待解决的问题，这就是所谓疑难的境地。而判断就是既已证定的假设。这样，岂不是在同一路径上么？不过思想的结果应用于独自的生活时，所以得到这结果的依据与路径不一定用得到。议论的判断，不论以口或以笔表示于外面时，那就不是这样了。一说到表示，就含有对人的意思，而且目的在使人相信。假若光是给人一个判断，人便将说，"判断不会突如其来的，你这个判断何所依据呢？为什么不可以那样而必须这样呢？"这就与相信差得远了。所以发议论的人于表示判断之外，更须担当一种责任：先把这些地方交代明白，不待人发生疑问。换一句说，就是要说出所以得到这判断的依据与路径来。譬如判断是目的地，这一种工作就是说明所走的道路。人家依着道路走，末了果真到了目的地，便见得这确是自然必至的事，疑问无从发生，当然唯有相信了。

议论里所用的依据当然和前面所说思想的依据一

样，须是真切的经验，所以无非由观察而得的了知与推断所得的假设。论其性质，或者是事实，或者是事理。非把事实的内部外部剖析得清楚，认识得明白，事理的因果含蕴推阐得正确，审核得的当，就算不得真切的经验，不配做议论的依据。所以前边说过，"叙述是议论的基本"，这就是议论须先有观察工夫的意思。在这里又可以知道这一议论的依据有时就是别一议论（或是不发表出来的思想）的结果，所以随时须好好地议论（或者思想）。

所用的依据既然真切了，还必须使他人也信为真切，才可以供议论的应用。世间的事物，人己共喻的固然很多，用来做依据，自不必多所称论。但也有这事实是他人所不曾观察、没有了知的，这事理是他人所不及注意，未经信从的，假若用作依据，不加称论，就不是指示道路、叫人依着走的办法了。这必得叙述明白，使这事实也为他人所了知；论证如式，使这事理也为他人所信从。这样，所用的依据经过他人的承认，彼此就譬如在一条路上了。依着走去，自然到了目的地。

至于得到判断的路径，其实只是参伍错综使用归纳演绎两个方法而已。什么是归纳的方法？就是审查许多的事实、事理，比较、分析，求得它们的共通之点。于是综合成为通则，这通则就可以包含且解释这些事实或事理。什么是演绎的方法？就是从已知的事实、事理，推及其他的事实、事理。因此所想得的往往是所已知的属类，先已含在所已知之中。关于这些的讨论，有论理学担任。现在单说明议论时得到判断的路径，怎样参伍错综使用这两个方法。假如所用的一个依据是人已共喻的，判断早已含在里边，则只须走一条最简单的路径，应用演绎法就行了。假如依据的是多数的事实事理，得到判断的路径就不这么简单了。要从这些里边定出假设，预备作为判断，就得用归纳的方法。要用事例来证明，使这假设成为确实的判断，就得用演绎的方法。有时，多数的依据尚须从更多数的事实、事理里归纳出来。于是须应用两重的归纳、再跟上演绎的方法，方才算走完了应走的路径。这不是颇极参伍错综①之致么？

　　在这里有一事应得说及，就是议论不很适用譬喻来做依据。通常的意思，似乎依据与譬喻可以相通的。其实不然，它们的性质不同，须得划分清楚。依据是从本质上供给我们以意思的，我们有了这意思，应用归纳或演绎的方法，便得到判断。只须这依据确是真实的，向

---

① 参伍错综：交互错杂。

他人表示，他人自会感觉循此路径达此目的地是自然必至的事，没有什么怀疑。至若譬喻，不过与判断的某一部分的情状略相类似而已，彼此的本质是没有关涉的；明白一点说，无论应用归纳法或演绎法，决不能从譬喻里得到判断。所以议论用譬喻来得出判断，即使这判断极真确，极有用，严格地讲，只能称为偶合的武断，而算不得判断；因为它没有依据，所用的依据是假的。用了假的依据，何能使人家信从呢？又何能自知必真确、必有用呢？我们要知譬喻本是一种修辞的方法（后边要讨究到），用作议论的依据，是不配的。

现在归结前边的意思，就是依据、推论、判断这三者是议论的精魂。这三者明白切实，有可征验，才是确当的议论。把这三者都表示于人，次第井然，才是能够使人相信的议论。但是更有一些事情应得在这些部分以前先给人家：第一，要提示所以要有这番议论的原由，说出实际上的疑难与解决的需要。这才使人家觉得这是值得讨究的问题，很高兴地要听我们下个怎样的判断。第二，要划定议论的范围，说关于某部分是议论所及的；同时也可以撇开以外一切的部分，说那些是不在议论的范围以内的。这才使人家认定了议论的趋向，很公平地听我们对于这趋向所下的判断。第三，要把预想中应有的敌论列举出来，随即加以评驳，以示这些都不足以摇动现在这个判断。这才使人家对于我们的判断固定地相信（在辩论中，这就成为主要的一部分，否则决不会针锋相对）。固然，每一回议论都先说这几件事是不必的，但适当的需要的时候就得完全述说，而先说其中的一事来做发端，几乎是议论文的通例。这本来也是环拱于中心——判断——的部分，所以我们常要用到它来使我们的文字成为浑圆的球体。

还要把议论的态度讨究一下。原来说话、作文都以求诚为归，而议论又专务发见事实、事理的真际，则议论的目标只在求诚，自是当然的事。但是我们如为成见所缚，意气所拘，就会变改议论的态度；虽自以为还准对着求诚，实则已经移易方向了。要完全没有成见是很难的；经验的缺乏，熏染的影响，时代与地域的关系，都足使我们具有成见。至于意气，也难消除净尽；事物当前，利害所关，不能不生好恶之心，这好恶之心譬如有色的眼镜，从此看事物，就不同本来的颜色。我们固然要自己修养，使成见意气离开我们，不致做议论的障碍；一方面更当抱定一种议论的态度，逢到议论总是这样，庶几有切实的把握，可以离开成见与意气。

凡议论夹着成见、意气而得不到切当的判断的，大半由于没有真个认清议论的范围；如论汉字的存废问题，不以使用上的便利与否为范围，而说汉字是中国立国的精华，废汉字就等于废中国，这就是起先没有认清范围，致使成见、意气乘隙而至。所以议论的最当保持的态度，就是认清范围，就事论事，不牵涉到枝节上去。认清范围并不是艰难的功课，一加省察，立刻觉知；如省察文字本是一种工具，便会觉知讨论它的存废，自当以使用上的便利与否为范围。觉知之后，成见、意气更何从搀入呢？

又，议论是希望人家信从的，人家愿意信从真实确当的判断，尤愿意信从这判断是恳切诚挚地表达出来的，所以议论宜取积极的诚恳的态度。这与前面所说是一贯的，既能就事论事，就决然积极而诚恳，至少不会有轻薄、骄傲、怒骂等等态度。至于轻薄、骄傲、怒骂等等态度的不适于议论，正同不适于平常的生活一样，在这里也不必说明了。

胡愈之的《青年的憧憬》

　　青年所需要的是憧憬。
　　青年，尤其是学生时代的青年，整天的时间有大部分消磨在抽象的观念的世界中。但这些从课堂和书本所得来的抽象的观念的世界经验和知识，往往和实际的世界经验和知识相矛盾，相抵触。因此青年常爱描绘一个和这抽象的观念的世界相符合的世界，并且希望由自己和别人的努力实现这个世界，而自己就生活在里头。这是青年们所追求的憧憬。
　　我们读历史，读昔人的传记，读本国地理和世界地理，我们感觉到人类的创造能力是多么伟大；过去的人类是怎么英勇地和自然努力斗争，创造成现在的世界；人类社会是怎样地一步步向前猛进；人是怎么的可骄傲的智慧的动物。但是收起了书本，向我们的周围一看，便感觉到人类虽然有一些智慧，而这些智慧自从多年以来便已窒塞了。现在的人并不用了智慧用了才干去征服自然，却用了去互相争夺杀戮。人类社会不但没有前进，而且在那里一步步的后退！

　　学校教育教我们服从真理，寻求真理。从数学的研究中，我们沉浸于绝对真理的世界；从自然科学的研究中，又使我们相信真理是生活的唯一法则。可是在我们的周围实际世界中，真理只是一个极大的谎骗。真理的生活和数学上的正圆形一般，在实际世界中是绝对不存在的。我们生活中，到处存在的只是妥洽、折衷、通融、权宜。换句话说，就只是"世故"，"世故"正是在真理的反面的。不仅如此，假如你把科学的真理应用到日常生活里面去，你就是不识时务的书呆子，或者竟被人称作疯子。

　　在青年的幻想中，自然是美的，生活是美化的。但是你出了图画教室音乐教室，出了学校的门，你便会感觉到随处是脏的，丑恶的。

　　因为青年的幻想与实际生活不一致，所以青年痛苦，青年追求着憧憬。

　　憧憬中的世界又怎样呢？

　　在那个世界里，所有的人用了智慧，用了英勇，和自然力奋斗，为了增高全体的生活水准而奋斗。对于那些人群的害物，大家抱着嫉恶如仇的决心，猛烈地加以扑灭，可是并不演着旧世界里所常有的人吃人的惨剧。

人的一切的努力完全贡献到创造和生产上面去。

在那个世界里，真理得到了最大的胜利。人把真理奉为唯一的法则。最现实的生活用着最抽象的数学法则来干。科学的、组织的、计划的精神支配着一切。

在那个世界里，美和生活开始了密切的联系。人回复了社会的本质，由此所表现的人生是最调和最美化的人生。文学和艺术获得特殊的自由的发展，它们不再是生活的装饰，而就是生活的本身。

在那个世界里没有懦夫，因为在道德教条上，懦怯是最大的罪恶。在那个世界里没有狡谲欺诈，因为根本上用不到狡谲欺诈了。人靠了理智和科学，代理了神的使命。一切的"不可能"，一切的神迹，都要用"凡人"的力量创造出来。虽然不就能达到"完全"，但是人从自己的努力估计起来，自信有达到"完全"的把握。

憧憬中的世界描绘得差不多了。关于怎样实现这个世界，青年也有他的憧憬。对着这个追求不懈，青年就有真实地快乐的一天了。

咱们有了一个意思，要想写成文章告诉人家，最普通的办法是提起笔来就写，写到无可再写的时候就完结。但是，这实在不是顶妥当的办法。

写一篇文章，当然期望它能收最大的效果。什么叫最大的效果呢？就是能使读者看了之后，明白到十分，感动到十分。如果仅能使读者明白到三四分，感动到五六分，那就没有收到最大的效果。作者限于实际生活的经验，限于写作技能的素养，也许无论如何都不会收到最大的效果。可是一个认真写作的人总不肯放弃这个目标，总要向着这个目标努力。因此，当有了一个意思之后，他不肯提起笔来就写，他还得费几回斟酌，才动手去写作。

一个意思，可以用来表达它的文章体裁不止一种。我们得到了一个意思，往往觉得写一首诗歌也成，写一篇小说也成，乃至写一则极其自由的随笔，写一篇非常严正的论文，都成。可是这许多体裁之中，必然有一种最适于意思的本身和当前的读者的。须要选到一种最合适的体裁，意思才会恰如原样地表达出来，读者才会深切地明白和感动。所以，选定体裁是动笔之前应该斟酌的一件事情。

还有，通常说表达意思，好像意思总得倾筐倒箧地拿出来。其实不然。有许多文章，作者几乎完全不拿出自己的意思来，或者只拿出一部分来而留着其他的部分。完全不拿出意思来并不是没有意思，而是把意思隐藏在文章的背后。只拿出一部分来并不是潦草完篇，而是其他部分已经包含在一部分之中了。那隐藏着的和包含着的意思都待读者自己去发见。读者自己从文章中发见了意思，其明白和感动的程度，比直接从作者那里接受意思更要深切。所以，有了一个意思，要不要老实拿出来，或者只拿出一部分来而留着其他部分：这又是动笔以前应该斟酌的一件事情。

以上说了一些空话，读者诸君或许还无法捉摸。现在把胡愈之先生的一篇文章作为例子来说。

读者诸君读了胡先生的文章，自然会明白这篇文章的意思。它的主要意思不是说青年应该努力奋发，以求实现那憧憬中的世界吗？我们可以猜想，作者在有了这样一个意思之后，必然经过一番斟酌，才提起笔来写成这篇文章的。

这个主要意思可以用几种文章体裁来表达。摄取一些具体的印象，编成一些和谐的语句，把这意思含蓄在里边，那就是诗歌。创造一个故事，其中主人翁当然是青年，在故事背后透露出这个意思来，那就是小说。不拘文章的形式，纯任自然，把这个意思说了出来就完事，那就是随笔。然而最适合于意思的本身和当前的读者的，还是像胡先生所采用的那种小论文。因为在一篇文章中，要把实际的世界和憧憬中的世界都描绘出一个轮廓来，决不能琐琐屑屑作具体的刻划，而只能粗枝大叶作概括的叙述，所以用论文的体裁最为相宜。又因为读者是中学生（这篇文章是在《中学生》杂志发表的），若把意思艺术化了，写成诗歌或者小说，不及写成小论文容易使读者理解。经过这样一番斟酌，于是文章体裁决定了。

其次，劝导青年努力奋发，以求实现憧憬中的世界，这个意思可以慷慨激昂地说出来的。但是作者并不如此做，只平心静气地指出青年所以需要憧憬的缘故。为什么需要憧憬呢？因为观念的世界和实际的世界相矛盾，相抵触。怎样矛盾怎样抵触呢？于是概括叙述实际的世界的大略，接着描绘憧憬中的世界的轮廓。实际的世界是人人生活在其中的，只要叙述得扼要而且正确，不必加什么激励和劝说，读者自然会觉到它必须破坏。憧憬中的世界是人人所想望着的，只要描绘得扼要而且明显，也不必加什么激励和劝说，读者自然会觉到它必须实现。如果用了激励和劝说的态度，反而使读者怀疑，这或许是一种别有作用的偏激的言论吧？现在用平静的态度来说，好像物理学书中讲述一种普遍的原理一样，那就无可怀疑了。到这里，青年应该努力奋发，以求实现憧憬中的世界，这些话不必多说，读者自能于言外得之。这些也是经过斟酌之后才决定下来的。

也许胡先生作这篇文章的当时，并没有经过这样的斟酌。在功夫纯熟的作者，原可以不必特意斟酌，写来自然适度。但是我们就文章来作研究，决不能说这是一篇贸贸然下笔的作品。

         1936年12月10日发表

叶圣陶佳作展示

谈《小石潭记》里的几句话

从小读柳子厚的《永州八记》，至今还记得很熟的是下边几句："潭中鱼可百许头，皆若空游无所依。日光下澈，影布石上，怡然不动。俶尔远逝，往来翕忽，似与游者相乐。潭西南而望，斗折蛇行，明灭可见。其岸势犬牙差互，不可知其源。"这是《小石潭记》里的语句。《小石潭记》极短，抄在这儿的几句就占了全篇的三分之一。

我们看中山公园、北海公园盆子里的金鱼，杭州玉泉池子里的鲤鱼，都能觉察鱼在水里游。小石潭里的鱼可像空无依旁似的，觉察不出是在水里游。这不就是说潭里有水等于没有水吗？有水等于没有水，潭水清到什么程度可以想见了。

日光照到潭底，潭底石上印着鱼影，呆呆的，一动不动。鱼影一动不动，不是因为"空游"的鱼一动不动呢？明亮的日光，又静止又清澈的潭水，安定的一群鱼，清清楚楚的一幅鱼影画，这些构成个静极了的境界。

忽然间一些鱼飞快地窜往远处，只要一动，一潭的鱼全动了，一会儿游到这儿，一会儿游到那儿。鱼既然全动，可以推想而知，潭水就起了波纹，印在潭底石上的鱼影画就刻刻变化，捉摸不定。这境界跟先前完全不同，是个活泼泼的境界。

无论在静的境界或是动的境界里，鱼都自得其乐，又像挺乐意跟潭上的游人同乐似的。这当然出于作者的想象。所以有这样的想象，在于假设鱼也有心情，从而体会鱼此时此刻的心情。这就是庄子所谓"知鱼之乐"。

通到潭里的那条小溪，左右两岸"犬牙差互"，溪身像北斗七星的位置那样曲折，可见弯曲度相当大。弯曲度大，望过去就"明灭可见"。溪身顺着视线的部分望得见，由于反映着天光云影，所以"明"。溪身跟视线交叉的部分望不见，溪身让横着的岸遮了，望到那儿，光亮就"灭"了。从潭上望小溪，直望到目力不及，只见一段明一段灭，一段明一段灭，这就是"明灭可见"。直望到望不见，明知一明一灭还没有完，可见那小溪来路很远，所以说它"斗折蛇行"而"不可知其源"。

潭里的游鱼，弯曲的小溪，在野外走走的人，谁都容易看见。可是看见了不觉得什么，直到读了柳子厚这篇小记，才记起这样的景物曾经见过，的确有些儿意思，那意思让柳子厚说出来了。也许有人从来没有见过这样的景物，可是读了这几句，仿佛看见了一会儿静一会儿动的一潭鱼，仿佛看见了"斗折蛇行"的一条小溪，觉得在那样的潭边看看鱼，望望远，趣味挺不错。

这些语句何以能引人入胜呢？

大概还得推求到语句形成以前。作者有善于观察的眼光，凭这个眼光去接触景物，得到的印象就不是浮泛的而是深入的。要是拿照相来比方，那不是捧个照相机随便扳一下的一路，而是选景调光色色都精，能够拍成艺术照片的一路。印象既然是深入的，作者对于组成印象的景物必然认得透彻，感得深切，就没有说不出来写不出来的道理。一般说不出来写不出来的原由，不是在于认识和感受依稀仿佛，含糊朦胧吗？说得出来写得出来的就是语句。这样得来的语句，多少总有作者独到的东西。还有一点，即使不采用诗的形式，其中往往有诗味。

读者通过语句，不但知道作者看见了什么景物，而且在想象中凭作者的眼光接触那景物，得到跟作者的印象几乎相同的印象。作者明白交代的，固然能真实地感受；作者没有明白交代，可是意在不言中的，也能够亲切地体会。这是何等的乐趣！因此，无论以前见过那景物没有，总觉得境界全新，意味隽永。

《愚公移山》小论

《列子》的作者设想愚公移山的故事，表示一个高明的意思：只要世世相承，锲而不舍，无论怎样艰巨的事业都办得成。

按照故事的说法，愚公要把太行王屋二山挪开，到后来太行王屋二山果然给挪开了。但是，这个任务并不是由愚公的子子孙孙完成的，却是天帝感念愚公有那么一番诚意，派大力的神"夸蛾氏二子"背起二山，把一座放在朔东，一座放在雍南的。

从这里可见作者虽然有那个高明的意思，却还有想不通处。山上的土石，挑开一担少一担，连续不断地把土石挑开，二山总有铲平的一天：按情理说，这是完全可靠的。但是，愚公的后代假如历世单传，人丁不兴旺，完成任务就遥遥无期。或者人丁很兴旺，可是他们觉得老祖宗愚公提出的任务太愚了，他那遗志不继承它也罢，那就二山永远不会挪开。大概作者想到了这些，没法解决，而就创作意图说，总得让愚公的大愿能够实现，怎么办呢？唯有采用一般传说故事通常采用的办法，由天帝出面帮个忙。天帝一出面，愚公的大愿实现了，美好的故事完成了，作者的高明的意思总算表示出来了。

咱们不妨设想，要是古来真有那么一个愚公，太行王屋二山真的挡在他家门前，他的子子孙孙居然能继承他的遗志，一代代挑土担石，从不间断，天帝和"夸蛾氏二子"都在无何有之乡，当然不会给他们帮忙，他们的成绩是挑开一担是一担。在那样情形之下，恐怕直到今天，他们还在淌汗喘气，忙得没完没了吧。这就是说，愚公移山的故事虽然好，现实意义可不怎么大。这不能怪作者，任何作者没法彻底摆脱时代的限制。

咱们还可以就另一方面想，为什么作者说愚公移山，却不说愚公兴水利，愚公除四害？

我想，兴水利和除四害跟移山不一样，这两个题目是作者所不敢触及的。什么道理呢？移山是挑开一担是一担，只会减少，不会加多，兴水利和除四害却必须全面一齐来，不能一家子搞。假如愚公要兴一家范围内的水利，要除一家范围内的四害，必然会碰到是不是兴得起来，是不是除得干净的问题。水是流动的，老鼠是会到处窜的，麻雀、苍蝇、蚊子是会到处飞的，你兴了，人家不兴，你除了，人家不除，随你世代相承，锲而不舍，还不是白费多少辈子的气力？愚公号召移山，他从家族观点出发，说得出一套子子孙孙的理论，如果他号召兴水利，除四害，根据他当时的生活实践和思想水平，是说不出一套鼓动人家一齐来的理论的。愚公说不出，其实就是作者说不出。作者说不出，还能编什么故事呢？

《列子》的作者所不敢触及的题目，咱们现在却在实做了。全国一亿以上的人手齐来兴水利，全国城市乡村都在除四害，天帝和"夸蛾氏二子"完全用不着，咱们自己就是天帝和"夸蛾氏二子"。

愚公的精神诚然可贵，但是在《列子》里，愚公移山只能是一个故事，一个现实意义不怎么大的故事。唯有在今天，在社会主义的时代，人人能真正做愚公，山可移，水利可兴，四害可除，其他任何艰巨的事业全都办得成。

1958年2月21日作

介绍《经典常谈》（节选）

朱自清先生的这部书是一些古书的"提要"。他把这些书称为"经典"，意思是历来受教育的人常读的书；并不限于"经部"。历来受教育的人常读的书，现代受教育的人虽不必照样全读，但多少总该接触一点儿，知道那些书是什么东西。朱先生称这种工夫为"经典训练"；序文里说，"经典训练的价值不在实用，而在文化。"这个话很通达。我们生在这么一个文化环境之中，如果不知道一些记录文化的书，就像无根之草无源之水似的，难望发荣滋长，流长波阔。从这个观点，无论学理科工科的人都该受经典训练；而普通教育中高中的阶段必须接触经典，也有了充分的理由。以前受教育的人专受经典训练，可是大多数人的目标并不如前所说；他们认为这是利禄之途，受了经典训练才可以应考，取功名。只有少数明达之士，明白"学以为己"的道理，努力钻研，着眼在文化方面。现在很有些嚷嚷的人，教人读经典，为什么要读，他们可说不上来。在现代,经典已经不是利禄之途,我们当然不必走以前大多数人的途径;如果漫无目标的读着,费时费力,干这不自觉解的工作,又何苦来?唯有明白觉解,着眼在文化方面,受经典训练才有意义。有一句流行的话,叫做"了解固有文化"。接触经典就为的了解固有文化。不过了解不是囫囵吞枣的办法能够得到的,我们眼见有许多老先生,他们把一些旧籍读得烂熟,某一句在某篇第几行都说得出,可是问他们什么是固有文化,不是回答你一套因袭的偏见,就是什么也回答不出;这不能算了解,只能算做了个活书橱。必须弄清楚什么是什么,不增不减,不偏不诬,才算了解。现代人接触经典,必须得到这样的了解;否则还是不要接触的好——把头脑搅胡涂了,把思想拘束住了,所以说还是不要接触的好。无奈要从经典得到这样的了解真也不容易。语言文字版本校勘方面有问题,就难作确切的解释。古人著书自有古人的派头,与现代作者大不一样,要从其中钩稽①要旨,看出条理,也非仓卒可办。尤其是历代人大多宝爱经典,因宝爱而生莫名其妙的崇敬,阐说发挥,又喜欢给加上主观的见解;我们要把这些一一检别,去掉后人

---

① 钩稽:查考。

的附加成分，还它个原来的面目，是一种非常艰巨的工作。说老实话，一个人如果没有方法，不经指导，即使一辈子钻在图书馆里，也未必能对固有文化真有点儿了解。何况所有受教育的人，怎能够为要了解固有文化，一辈子钻在图书馆里？所以，为一般人着想，一部"提要"的书，说明经典是什么，不增不减，不偏不诬，是需要的。作专门研究的人当然不需要，可是普通人有了这个，就可以知道某书是什么，直到现在为止，对它的研究已经到了如何程度；从而接触某书，就不至于走入歧途，或者茫无所得。朱先生的《经典常谈》就是这样的一部书。

传统的经学家子学家及至文学家不肯写这样的书，也写不来这样的书：因为他们专弄某一方面，往往把这一方面看得特别了不起，喜欢说得过了分寸，这在要知道这一点儿固有文化的人并不需要。例如皮锡瑞的《经学历史》里说："读孔子所作之经，当知孔子作六经之旨。孔子有帝王之德而无帝王之位，晚年知道不行，退而删定六经，以教万世。其微言大义实可为万世之准则。后之为人君者，必遵孔子之教，乃是以治一国；所谓'循之则治，违之则乱'。后之为士大夫者，亦必遵孔子之教，乃足以治一身，所谓'君子修之吉，小人悖之凶'。此万世之公言，非一人之私论也。孔子之教何在？即在所作六经之内。故孔子为万世师表，六经即万世教科书。"别的且不说，如果遵从皮氏这个话，我们非注定做"今文家"不可。可是要了解固有文化，却须超越了"今文家""古文家"的界限，才更近于真际。有人不喜欢把专家治学者和普通人知道一些的途径混为一谈，以为不这样就无由知道；其实了解固有文化也不消这么麻烦，专家研究是一回事，普通人知道一些又是一回事。例如吕思勉的《经子解题》里说："治学之法，忌偏重主观。偏重主观者，一时似惬心贵当，而终不免于差谬。能注重客观则反是。大抵时代相近，则思想相同。故前人之言，即与后人同出揣度，亦恒较后人为确。况于师友传述，或出亲闻；遗物未湮，可资目验者乎。此读书之所以重'古据'也。宋人之经学，原亦有其所长；然凭臆相争，是非难定。自此入手，不免有失漫汗。故治经当从汉人之书入。此则治学之法如是，非有所偏好恶也。治汉学者，于今古文家数，必须分清。汉人学问，最重师法。各守专门，丝毫不容假借。凡古事传至今日者，率多东鳞西爪之谈。掇拾丛残，往往苦其乱丝无绪；然苟能深知其学术派别，殆无不可整理成两组者。夫能整理之成两组，则纷然淆乱之说，不啻皆有线索可寻。且有时一说也，主张之者只一二人；又一说也，主张之者乃有多人。似乎证多而弥繁矣。然苟能知其派别，即可以知其转辗祖述；仍出一师。不过一造之说，传者较多，一造之说，传者较少耳。凡此等处，亦必分清家数，乃不至于听荧也。"这儿注重客观，寻求本义，确是很有用的法门；但说必须治了汉学方始懂得经，这岂是人人能够办到的事？要使高中学生这么做，尤其担负不了。所以《经学历史》《经子解题》等书，作者虽然抱着"金针度人"的热诚，仅对大学文科或者有些用处，在普通要知道一点儿固有文化的人，实嫌求之过狭或过繁。普通人只有这么一种指导，不管什么今文古文，不管什么汉学宋学，但把一些已经或者几乎成为定论的东西，简明扼要的，化而为常识的叙述出来。看了这种叙述，再去接触经典，就可以省却许多冥行盲索的工夫，而对固有文化就有了了解，且不会了解在歪里；如果要进而深求，即将此作为入门的第一步，也就没有"择术不正"之嫌。作这种指导，即使自己是个专家，必须脱去个人的偏好与学术的架子，只站在普通人的立场说话；对于所谓经典，指说固不须引经据典，但必须语语有据，而且是可靠的据；态度自然愈客观愈好，但必须充满"了解的同情"。朱先生这部书似乎能够做到了这些,所以是值得称赞的成绩。

书分十三篇:一、《说字解字》,二、《周易》,三、《尚书》,四、《诗经》,五、三"礼",六、《春秋》三传(《国语》附),七、"四书",八、《战国策》,九、《史记》《汉书》,十、诸子,十一、辞赋,十二、诗,十三、文。前面十一篇都以书为主,末后两篇却只叙述源流,因为书太多了,没法详说,而且关于这两类书没有多大问题,也不需详说。他的叙说,一句话包括,在于"还它个本来面目"。试从第一篇中举个例子:

东汉和帝时,有个许慎,作了一部《说文解字》。这是一部划时代的书。经典和别的书里的字,他都搜罗在他的书里,所以有九千字。而且小篆之外,兼收籀文"古文";"古文"是鲁恭王所得孔子宅"壁中书"及张苍所献《春秋左传》的字体,大概是晚周民间的别体字。许氏又分析字形,定出部首,将九千字分属五百四十部首。书中每字都有说解,用晚周人作的《尔雅》扬雄的《方言》,以及经典的注文为体例。这部书意在帮助人通读古书,并非只供通俗之用,和秦代和西汉的字书是大不相同的。它保存了小篆和一些晚周文字，让后人可以溯源沿流；现在我们要认识商周文字，探寻汉以来字体演变的轨迹，都得凭这部书。而且不但研究字形得靠它，研究字音字义也得靠它。……

现在有些国文老师喜欢选《说文解字序》给高中同学读，以为借此可以让高中同学知道"说文"是什么样子的书，但汉朝人的文字既较难读，讲解又未必得法，结果同学们还是不了然"说文"是什么样子的书。看朱先生这段文字，简明扼要，"说文"的作旨、取材、体例、功用都在里头了，正是"说文"的本来面目，现代受教育的人应有的常识。以下又说：

"说文"序里提起出土的古器物，说是书里也搜罗了古器物铭的文字，便是"古文"的一部分。但是汉代出土的古器物很少；而拓墨的法子到南北朝才有，当时也不会有拓本，那些铭文，许慎能见到的怕是更少。所以他的书里还只有秦篆和一些晚周民间书，再古的可以说是没有。到了宋代，古器物出土的多了，拓本也流行了，那时有了好些金石图录考释的书。"金"是铜器，铜器的铭文称为金文。铜器里钟鼎最是重器，所以也称为钟鼎文。这些铭文都是记事的。而宋以来发现的铜器大都是周代所作，所以金文全部是两周的文字。清代古器物出土的更多，而光绪二十五年（西元一八九九）河南安阳发现了商代的甲骨，尤其是划时代的。甲是龟的腹甲，骨是牛胛骨，商人钻灼①甲骨，以卜吉凶，卜完了就在上面刻字纪录。这称为甲骨文，又称为卜辞，是盘庚（约西元前一三〇〇年）以后的商代文字。这大概是最古的文字了。甲骨文、金文、以及说文里所谓"古文"，还有籀文，现在都算作古文了，这些大部分是文字统一以前的官书。

这是关于古代文字系统的常识，有了这点常识，就会知道"说文"的真价值，而不至于过分看得它了不起，以为古代文字的形声义尽在于此，只此一家，不须他求。这部书中，"尽量采择近人新说"，即此可见一斑。近人并非特别比古人高明，只因为所据材料比古人多而可靠（也就是吕思勉先生所说的"古据"），方法方面又比较进步，就有了些发见。这部书收入这些新发

---

① 钻灼：一种古代的占卜法。先挖钻龟的腹甲，使之变薄，烧灼后产生裂缝，再根据裂缝判断吉凶。

见,因为不是学术论著,没有"注一""注二"的详说来历,仔细案求起来,却是近人研究这些经典的一篇总结账。这篇总结账,正是现代普通人应该知道的常识。

我以为要接触经典的人,不妨先看一看这一部书,看了之后,某书是什么,可以有个大概的观念。再从某书中选取精要的部分来读(自己没法选,请教高明些的人指导),或读全书,当不至于空手而回,一无所得。

1943年8月10日发表

读书与受教育

儿童开始进小学，中学生考上了大学，都说是去读书。"读书"是个通常的说法，大家说惯了，随和地说说也无妨，可是决不能信以为真，看得太死。如果信以为真，看得太死，学生本身大吃其亏自不必说，而且吃亏的范围非常之广，并不夸张地说，简直是整个社会，整个国家。

所以谁都要辨别清楚，学生上学，随俗地说是去读书，正确地说可不是去读书，是去受教育，受教育是上学的全部意义和整个目的，读书是受教育的一种手段。为什么说是"一种"手段？因为除了读书还有其他手段。

受教育的意义和目的是做人，做社会的够格的成员，做国家的够格的公民。想到"做"字，就可以悟出光记住些什么是远远不够的。必得把某些精要的东西化为自身的血肉，养成永久的习惯，终身以之，永远实践，这才对于做人真有用处。

无论是谁，从各级各类学校出来之后还得受教育，大学生和研究生毕了业并非受教育的终结。那时候哪儿去受教育呢？从社会各方各面都可以受教育，只要自己有要受教育的坚强意愿。这就是自我教育，简化地说就是"自学"。自学能力的强或弱根据在校时候所受教育的好或差。假如在校时候常被引导向自学方面前进，学生有福了，他们一辈子得到无限好的受用。而且，不但他们自己，社会和国家也得到无限大的利益。不怕他人嗤笑，我简直要外行地说，所有各级各类学校以及补习、进修的机构的主要职能，全都在引导来学的人向自学方面不断进展。

我说这句外行话源于两点意思。一点意思是，所有做人的必需的东西非常之多，教不尽的，各种教育机构只能取其重要的，作为例子来教。来学的人如果学一光知一，不能举一而反三，受益就不多。所以教了一，同时要引导来学的人能够反三：这就是引导他们自学。再一点意思是，学了什么如果光能守住什么，即使一丝一毫没遗漏也是不够的。不妨试想一下，要是半坡村人光知守而不知变，要是咱们的先民全都光知守而不知变，那么直到今天茫茫神州还是不计其数的半坡村，哪会有灿烂光昌的中华人民共和国？所以执一不二，光知守而不知变,不求变,不善变。是极不适宜于做人之道的,尤其是在多变激变的二十世纪八十年代。这就给各种教育机构规定了必当的任务,在教育来学的人的同时,要特别注意引导他们知变,求变、善变,要有所改革,有所创新:这就是引导他们自学。

一辈子坚持自学的人也就是一辈子自强不息的人。不难想象,这样的人不断增多,社会和国家将达到何等繁荣昌盛的境界。

因此,教师特别致力于引导学生善于自学,绝不是越出了教师的职责,绝不致贬低了教师的尊严。正相反,我以为唯有能这样做的教师才够得上称为名副其实的教育家。

现在来说读书。因为这篇拙作谈的是学校教育的事,姑且只说课内的读书,不说读课外书。课内的书就是各科的课本,也叫教科书。

不妨先问为什么要有各科的课本?

我想,回答应该是这样:做一个够格的人,必须懂得许多事物,明白许多道理,实践许多好行为;可是事物不能全部直接接触,道理不能一时马上吃透,好行为不能立即正确实践,因而只能写在课本里,以便间接接触,从容描摩,积久成习。学生读课本并非目的,真能懂得事物，真能明白道理，真能实践好行为，才是目的。

这三个"真能"极为重要。学生果真"真能"了，才是真正受到了教育。另外一种情形，要是学生能把课本读熟，考试的时候能按课本对答无误，可是跟三个"真能"却有或大或小的距离，那就成问题了。问题是学生在受教育的意义上有或大或小的亏缺。所以致此，或由于课本的编写失当，或由于教师的教学欠要，或则二者兼之。因此，我诚恳地祝愿编者和教师，你们在编写和教学的时候务必注意到学生的三个"真能"，同时还要注意到引导学生向自学方面进展，终身做得到三个"真能"。

四十年前，一位同事编小学课本，要说明蒸汽机能带动列车是怎么一回事。他写得很辛苦，一改再改，总不满意。他把稿子给我看，我看过后说，小学生念了这篇课文，恐怕对蒸汽机还是不甚了了。要是学校里有个蒸汽机的模型，酒精灯一点燃，活塞一推动，孩子们看了就大致懂得蒸汽机了，这篇课文也就不用写了。要是当地有火车站，火车站的站长容许孩子们爬上机车去看一看，那就懂得更清楚了。

看蒸汽机的模型开动，或者爬上机车去看一看，都是直观。直观是受教育的又一种手段。我想，无论什么学校总要尽可能让学生直观，光凭一堆课本总有不足之嫌，直观就是跟事物直接接触，因而容易懂得，容易明白其中的道理。学校里能有动植矿标本室、理化实验室、图书阅览室（那里的书不是课本了）、实习工场、种植园地之类，当然最好。如果经费不充裕，小规模的设备一些总比完全没有好。地方上如果有动物园、植物园、博物馆、天文馆、地质馆、科技馆、图书馆等等，自当组织学生去参观学习。此外，如工厂参观，农村访问，社会调查，假期旅行，也是使学生从直观中受到教育的好途径，不必细说。

还有一问，要使学生"真能"实践好行为，有没有直观的门径呢？我说有。其一，教师以身作则，事事处处为人师表，这就是学生最亲切的直观。其二，让学生多接近各方各面的先进模范人物，也是极为有益的直观。

说话与听话

我常常想，说话的人跟听话的人不宜取同样的态度。咱们经常有许多的话，在口头说着，在笔下写出，说过写过就像浮云过太空，不留一些痕迹，不发生一些影响，就因为说话的人取了听话的人的态度，或者听话的人取了说话的人的态度。

说话的人的态度该是"有诸己而后求诸人"。自己也信不过的话，挂在口头说一阵，多么无聊。没有话勉强要说话，想着浪费了的精力就觉得可惜，还不如默尔而息合乎保养之道。尤其是"求诸人"的话，如果"无诸己"，内里空虚别扭，说出来怎么会充实圆融？而且说到要人家怎样怎样的时候，想着自己并没有怎样怎样，脸上就禁不住一阵的红，这一阵脸红比较挨人家的骂还要厉害，又怎么受得了！

听话的人的态度该是"不以人废言"。说话那个人的出身如何，私德如何，何必问他？你又不跟他交朋友，攀亲眷。你就话论话就是了；话没有道理，当然不用听他，如果有道理，尽可以毫不疑虑的照单全收。他的话或许别有动机跟作用，那倒要辨认明白的。可是，别有动机跟作用的话并不等于不值得采纳的话；如果话的本身有道理，你只要辨认出他的动机跟作用，就可以单受他的好影响而不受他的坏影响。

　　说话的人时时希望人家"不以人废言"，诚实的，充实圆融的，具有压迫人家的力量的话就难得听见了。听话的人随时用"有诸己而后求诸人"的尺度来衡量人家的话，就觉得这也不对，那也不合，世间很少有值得采纳的话了。现在咱们似乎就在这样的情形之中，所以说话很多，实效很少。如果说话的人跟听话的人彼此把态度改变一下，我想，话可以少说许多，而实效可要比现在多得多。

1936年6月1日发表

两种习惯养成不得（节选）

习惯不嫌其多，有两种习惯却养成不得。除掉那两种习惯，其他的习惯多多益善。

哪两种习惯养成不得？一种是不养成什么习惯的习惯，又一种是妨害他人的习惯。

什么叫做不养成什么习惯的习惯？举例来说，容易明白。坐要端正，站要挺直，每天要洗脸漱口，每事要有头有尾，这些都是一个人的起码习惯。有了这些习惯，身体与精神就能保持起码的健康。但是这些习惯不是一会儿就会有的，也得逐渐养成。在没有养成的时候，多少要用一些强制功夫，自己随时警觉，坐硬是要端正，站硬是要挺直，每天硬是要洗脸漱口，每事硬是要有头有尾。直到"习惯成自然"，不待强制与警觉，也能行所无事的做法，这些就是终身受用的习惯了。如果在先没有强制与警觉，今天东，明天西，今天这样，明天那样，那就什么习惯也养不成。而这今天东，明天西，今天这样，明天那样，倒反成为一种习惯，牢牢的在身上生根了。这种习惯就是"不养成什么习惯的习惯",最要不得。为什么最要不得?只消一句话回答:这种习惯是与其他种种习惯冲突的。养成了这种习惯,其他种种习惯就很少有养成的希望了。

什么叫做妨害他人的习惯?也可以举例来说。走进一间屋子,砰的一声把门推开;喉间一口痰涌上来了,扑的一声吐在地上,这些都好像是无关紧要的事。但是很关紧要。因为这些习惯都将妨害他人。屋子里若有人在那里作事看书,他们的心思正集中,被你砰的一声,他们的心思扰乱了,这是受了你的影响。你的痰里倘若有些传染病菌,扑的一声吐在地上,这些病菌就有传染给张三或李四的可能,他们因而害起病来,这是受了你的影响,所以这种习惯是"妨害他人的习惯",最要不得。在"习惯成自然"之后,砰的一声与扑的一声会行所无事,也就是说,妨害他人将会行所无事。一个人如果明了自己与他人的密切关系,不愿意妨害他人,给他人不好的影响,就该随时强制,随时警觉,不要养成妨害他人的习惯。

不问屋子里有没有人,你推门进去总是轻轻的,不问你的痰里有没有传染病菌,你总是把它吐在手绢或纸片上,这样"习惯成自然",你就在推门与吐痰两件事上不致妨害他人了。

　　推广开来说，凡是为非作歹的人，他们为非作歹的原因显然有许多，也可以用一句话来包括，他们的病根在养成了妨害他人的习惯。他们不明了自己与他人的密切关系，他们不懂得爱护他人，一切习惯偏向妨害他人的方面，他们就成了恶人。如希特勒、墨索里尼、日本军阀，是头等的恶人，其他如贪官、污吏、恶霸、奸商也都是恶人中的代表角色。这些恶人向来为人们所痛恨，今后的世界上尤其不容许他们立足。谁要立足在今后的世界上，谁就得深切记住，不要养成妨害他人的习惯。

　　习惯不嫌其多，只有两种习惯养成不得，一种是不养成什么习惯的习惯，又一种是妨害他人的习惯。

1945年9月5日作

卫生习惯

最近报载教育部调查全国专科以上学校学生的体格，受检查20977人，其中有病况者7553人，占三分之一强。所患病以齿病为最多数，依次下去是眼病、喉病、皮肤病、脊弯、肺病等。同时，上海市卫生局为改善学校卫生起见，在市立比德小学施行肺结核注射，注射儿童822人，起反应者多至542人，占三分之二弱。前一项材料是关于全国的大学生的，后一项材料是关于一般的小学生的，合起来看，也可以约略知道我国学生界的卫生情况了。只是中学生的卫生情况还不曾见过什么报告，揣想起来，恐怕也不会怎样可以乐观的。

卫生本来不只是限于学校里的事情，要随时随地加以注意，躬行实践，成为习惯，才能收到相当的效果。比起竞技运动来，卫生习惯是根本的，所以尤其紧要。然而从一般的情形来看，学校里可以没有供全体学生运动之用的运动场，但不能没有几个竞技的选手，在运动会里为学校扬名；学生方面呢，有兴趣的人可以起清早、跑长途，努力修炼，希望成为出色的竞技员，但不肯在起居饮食上切实注意，使自己有一个合格的身体。这是何等的坏倾向，谁都可以说出一大堆话来，但是说说有什么用处呢？

小学和中学里都有卫生的课程，书店里都有卫生的教本，然而没有效果，可见教教也没有什么用处。必须把卫生习惯融和在生活里边才有用处，这是学生诸君自己的事情啊！

刊于1934年4月1日《中学生》杂志44号

父母的责任

当教师的遇到了难以训教的学生，便微微引起灰心，想："这个学生是怎么生成的，竟会这样不堪教育。"留心社会情状的遇到了举措失当行为不良的人，便轻轻叹一口气，想："这个人是怎么生成的，竟会坏到这个地步。"这是最平常而且带着普遍的情形。就是那些被疑怪的人，对于他们所接触的人物，也许会产生同样的疑怪。不要说从今以后，想来从今以前，这样的疑怪也常常涌现于多数人的心里。

即使不讲高深的学理和生物的本能，教育的力量总是一个不可否认的信仰。我们对于不论什么事情，总是一方受教，一方学习，那就能了，会了，否则就不能不会，这就是教育的力量的有力证明。这里所谓的教和学，需是合理的，有方法的；而有力量的教育，本来就指的这一种。教育既然受到了人们的信仰，同时就对人们负了责任：说好坏似乎有点含糊，不如说一个人能够或会生活在大群之中，所作所为都非常正当，就是教育的功劳；一个人不能够或不会生活在大群之中，一切都不正当，那就是教育的错失。

于是，前边的疑怪声中的问题可以解答了。不堪教育的学生不是天生的，全是教育的错失。

有人会问：学生不是正在受教育吗？社会上的人不是已经受过学校的教育，现在正在受社会的教育吗？若说教育不好，有所错失，这是千头万绪，动一发而牵全身的事，那么眼前将怎样办呢？

这样的问题涉及教育的优劣的范围。但是我的意思不在这一点，乃在最初的时候，一个人在幼稚的时候，教育却闪在一旁，不与幼稚的人见面：我认为这一点是教育的错失。不论方法是好是坏，有总胜于无，有方法而并不好，以后可以改正，无方法就根本上完了。有许多不幸的婴儿和孩子，在他们入世的最初的时期中，绝对看不见教育的脸色。教育对于人类既然负有特别的责任，为什么不早些露出面目来呢？这不是教育的错失吗？

教育是附丽于人而后显出它的作用的，离开了人，也就没有教育了。所以说教育的错失，意思就是负有教育责任的人的错失。对婴儿和孩子负有教育责任的，当然是父母。做父母的倘若没有好的教育，也没有可以改正的不好的教育，只是不教育，就是一个重大的错失。婴儿和孩子时期，在一个人的一生中多么紧要，一切人类的理解习惯，都从此时获得；若能受到好的教育，岂不更可以超越地进取；反过来说，倘若受不到一点教育，就是极深重地被损害。而父母便处于损害者的地位，因为他们是负有教育责任的人，但是并没有教育他们的子女。

做了父母就注定应该负教育子女的责任，在生物进化的途径上显示得很明白，但是除了本能以外，还需要知识技术等的帮助。所以母鸡的事业总得到成功，而在人类中，父母的事业非但成功难必，或且全然不能做教育这件事。要教育子女却不能做，不做又是重大的错失，使做父母的十分为难了。但是应负的责任总在那里，不因为难而减轻。

做父母这件事是不自料的，并不希望做，然而子女来了，就不得不做，同时也就负上了很重大的责任。那些确然不能负起责任的父母，好在大多是不自知的；如其自知，不知要怎样懊恼他们自己犯了这样大的错失呢！更从他们的儿女方面说，受到的损害是多么沉重：最初的权利丧失了，最重要的受教育的时光虚度了；虽然随后有种种的教育，但是在先的根本不坚牢，怎么会得到充分的发展呢？

如果我说，人类生子女不会立下预算表，这似乎是句滑稽的话。然而实际的情形确然如此。试问谁曾经想过希望有几个子女，能够有几个子女？大家只是个不经意，任自然支配罢了。在这个不经意之下，从今以前，做子女的因为父母的不教育受了多少损害，恐怕是一件最难的而且无法统计的事。我们试作空想，假使做父母的都曾列过预算，自己知道能够负起教育的责任才生子女，子女就大大改观，不同于已然的情形，而现在的世界，也当跟着大大地改观了。可惜这终于是个空想，预算表仅仅应用在处理经济和事务等上面。

以前的错失且不去管它，做父母的总要希望能尽所负的责任，即使延迟到从今天起，总比不能尽责好得多。过分的力量自然没法去尽，在可能的范围内需得努力做去，直到人家的怪疑声起，做父母的可以很安心地不负责任。我们自己都应该做一点有效的事业，并不都为着自己的子女，但是应该知道，教育子女也是事业中的一部分。这一部分不能做到，不说大的远的，就是不爱自己的子女，就是不应当有子女。

我不是说滑稽话，为了前面的意思，我们得列个预算了：我们能教育几个子女呢？这么一想，从自知之明得到了解答，于是生下适如其量的子女。过了量呢？那就很为难，因为父母的心力有限，分配于过量的受者，就使受者得到的平均打了个折扣。我们更可以这样自问：我们究竟能不能教育子女呢？如其不能，那就不任自然做主，权自己操，竟然不做父母；尽可以到以后能够教育子女的时候再做父母；如果自觉永远不能，就永远不做。这不是不可能的，我们愿这样做，就能做到。

父母爱自己的子女，喜欢给他们吃肥美的食物，穿温厚的衣服。这固然不错，子女身体上的要求，父母能使他们满足，不能说这并不是爱。但是能够给子女以教育，更是深浓强烈的爱，因为饱了他们心灵的饥饿，暖了他们心灵的寒冷了。若能适宜地生育了，——与以教育，当然是父母的深爱；倘若自知不能教育而不生子女，也见得对于未生者的无穷的爱。

1922年10月3日作

读些什么书(节选)

平时在学校里,因为课程多,各科的练习忙,很少有阅读课外书籍的时间;心里虽然想阅读,可是事实上办不到,很觉得难受。寒假没有暑假那么长,但是也有几个星期,正好用来弥补这个缺憾;就是说,在寒假里应该有头有尾阅读几本书。阅读什么书呢?读者诸君或许要这样问。我们以为举出一些具体的书来回答,是不很妥当的。第一,这中间或许会搀杂着我们的偏见;第二,不一定适合读者诸君的口味;第三,举出的书,读者诸君未必就弄得到手。因此我们只能提出几个项目,给读者诸君作为选书的参考。

关于各科的参考书是可以选读的。在学校里只读教科书;教科书是各科知识的大纲,详细的项目和精深的阐发,都没有包容进去。例如本国史教科书,对于一代的政治、文化、人情、风俗,至多用几百个字来叙述就完事了;少的时候,只用一句两句话就带过了。单凭那几百个字或一句两句话,固然也可以算知道了历史;但是知道的只是些笼统的概念，或者知其然而不知其所以然，实在不能算知道了历史；如果选一些专讲某代的政治、文化、人情、风俗的参考书来读，由于已经知道了大纲，决不至于摸不着头脑，而阅读的结果就是明白得详细而且透彻。

关于当前种种问题的书是可以选读的。如建国问题、大战后世界秩序问题等等，现代青年都得郑重注意。必须注意当前的问题，青年才能够认识时代；认识了时代，自身才能够参加进去，担负推动时代的任务。

关于修养的书是可以选读的。所谓修养，其目的无非要明瞭自己与人群的关系，要应用合理的态度和行为来处理一切。修养的发端在于"知"；如果不"知"，种种关系就不会明瞭，怎样才是合理也无从懂得。修养的完成在于"行"；如果"知"而不"行"，所知就毫无价值。读关于修养的书，假定是《论语》，好比与修养很有功夫的孔子面对面，听他谈一些修养方面的话，在"知"的扩展上是很有益处的。"知"了，又能化而为"行"，那就一辈子受用不尽了。

关于文学的书是可以选读的。文学的对象是人生。文学的特点是把意念形象化，不用抽象的表达。所以读文学可以认识人生，感知人生。善于读文学的人，他所见的人生一定比不读文学的人来得深广。这当然指上品的文学而言。同样是诗，有优劣的分别；同样是小说，也大有好坏。我们没有这么多的精力和时间来读一切坏的劣等的作品（就是有这么多的精力和时间也无须读那些），自应专选上品的来读。还有，不要以为自己准备学工学农，就无须理会文学。要知道学工学农也是人生；无论是谁，能够接触以人生为对象的文学，是一种最为丰美最有价值的享受。

就以上提出的几个项目来选择，至少可以选到三四本书，尽够寒假中阅读了。如果能够认真阅读的话，除了吸收书中的内容而外，阅读和写作的能力也自然会长进。常常有人这样问：要使国文程度长进，该读些什么书？我们的回答是：认真读前面提到的几类书，就可以了；专为要人家长进国文程度而写作的书是没有的。

1942年1月作

刊于成都版《国文杂志》第二期

木炭习作跟短小文字

美术学生喜欢作整幅的画,尤其喜欢给涂上彩色,红一大块,绿一大块,对于油彩毫不吝惜。待涂满了自己看看,觉得跟名画集里的画幅有点儿相近,那就十分满意;遇到展览会,当然非送去陈列不可。因此,你如果去看什么美术学校的展览会,红红绿绿的画幅简直叫你眼花;你也许会疑心你看见了一个新的宗派——红红绿绿派。

整幅的彩色画所以被美术学生喜欢,并不是没有理由的。从效用上说,这可以表示作者从人生、社会窥见的一种意义,譬如灵肉冲突哩,意志难得自由哩,都会的罪恶哩,黄包车夫的痛苦哩,都是常见的题材。从技巧上说,这可以表示作者对于光跟色彩的研究工夫,人的脸上一搭青一搭黄,花瓶里的一朵大花单只是一团红,都是研究的结果。人谁不乐意把自己见到的、研究出来的告诉人家。美术学生会的是画画,当然用画来代替言语,于是拿起画笔来,一幅又一幅地涂他们的彩色画。

但是，从参观展览会的人一方面说，这红红绿绿派往往像一大批谜，骤然看去，不知道画的什么，仔细看了一会，才约略猜得透大概是什么，不放心，再对准了号数检查手里的出品目录，也有猜中的，也有猜不中的。明明是一幅一幅挂在墙上的画，除了瞎子谁都看得清，为什么看了还得猜？这因为画得不很像的缘故。画人不很像人，也许是远远的一簇树木；画花不很像花，也许是桌子上堆着几个绒线球：怎叫人不要猜？

像，在美术学生看来真是不值得齿数的一个条件。他们会说，你要像，去看照相好了，不用来看画，画画的终极的目标就不在乎像。话是不错，然而照相也有两种：一种是普通的，另一种是艺术照相。普通照相就只是个像；艺术照相却还有旁的什么，可是也决不离开了像。把画画得跟普通照相一样，那就近乎"匠"了，自然不好；但是跟艺术照相一样，除了旁的什么以外，还有一个条件叫做像，不是并没有辱没了绘画艺术吗？并且，丢开了像，还画什么画呢？画画的终极的目标固然不在像，而画画的基础的条件不能不是这个像。

照相靠着机械的帮助，无论普通的、艺术的，你要它不像也办不到。画画全由于心思跟手腕的运用，你没有练习到像的地步，画出来就简直不像。不像，好比造房子没有打下基础，你却要造起高堂大厦来，怎得不一塌糊涂，完全失败？基础先打下了，然后高堂大厦凭你造。这必需的工夫就是木炭习作。

但是，听说美术学生最不感兴味的就是木炭习作。一个石膏人头，一朵假花，要一回又一回地描画，谁耐烦。马马虎虎敷衍一下，总算学过了这一门就是了；回头就嚷着弄彩色，画整幅。这是好胜的心肠；巴望自己创造出几幅有价值的画来，不能说不应该，然而未免把画画的基础看得太轻忽了。并且，木炭习作不只使你落笔画得像，更能够叫你渐渐地明白，画一件东西，哪一些繁琐的线条可以省掉，哪一些主要的线条一丝一毫随便不得。不但叫你明白，又叫你的手腕渐渐熟练起来，可以省掉的简直不画，随便不得的决不随便。这对于你极有益处。将来你能画出不同于照相可是也像的画来，基础就在乎此。

情形正相同，一个文学青年也得下一番跟木炭习作同类的工夫，那目标也在乎像而不仅在乎像。

文学的木炭习作就是短小文字，有种种的名称，小品，随笔，感想文，速写，特写，杂文，此外大概还有。照编撰文学概论的说起来，这些门类各有各的定义跟范围，不能混同，但是不多噜苏，少有枝叶，有什么说什么，说完了就搁笔，差不多是这些门类的共通点，所以不妨并为一谈。若说应付实际生活的需要，唯有这些门类才真个当得起"应用文"三个字；章程、契券、公文之类只是"公式文"而已，实在不配称为"应用文"。同时，这些门类质地单纯，写作起来比较便于照顾，借此训练手腕，最容易达到熟能生巧的境界。

目标也在乎像，这个话怎么说呢？原来简单得很：你眼前有什么，心中有什么，把它写下来，没有走样；拿给人家看，能使人家明白你眼前的是什么，心中的是什么，这就行了。若把画画的工夫来比拟，不就是做到了一个像字吗？这可不是三脚两步就能够达到的，连篇累牍写了许多，结果自己觉得并没有把眼前的心中的写下来，人家也不大清楚作者到底写的什么：这样的事情往往有之。所以，虽说是类乎木炭习作的短小文字，写作的时候也非郑重从事不可。譬如写一间房间，你得注意各种陈设的位置，辨认外来光线的方向，更得捉住你从那房间得到的印象；譬如写一个人物，你得认清他的状貌，观察他的举动，更得发现他的由种种因缘而熔铸成功的性情；又譬如写一点感想，你得把握那感想的中心，让所有的语言都环拱着它，为着它而存在。能够这样当一回事做，写下来的成绩总之离像不远；渐渐进步到纯熟，那就无有不像——就是说，你要写什么，写下来的一定是什么了。

到了纯熟的时候，跟画画一样，你能放弃那些繁琐的线条，你能用简要的几笔画出生动的形象来，你能通体没有一笔败笔。你即使不去作什么长篇大品，这短小文字也就是文学作品了。文学作品跟普通文字本没有划然的界限，至多像整幅彩色画跟木炭习作一样而已。

画画不像，写作写不出所要写的，那就根本不成，别再提艺术哩文学哩那些好听的字眼。但是，在那基础上下了工夫，逐渐发展开去，却就成了艺术跟文学。舍此以外，几乎没有什么捷径。谁自问是个忠实的美术学生或者文学青年的话，先对于基础作一番刻苦的工夫吧。

1935年3月1日发表

关于青年的修养（节选）

修养可以有广狭两义：广义把学问和技术的修炼都包括在内，狭义专指道德的训练。这里当是指狭义而言。

青年时期身心上变化甚大，最易受环境的影响。就教育的观点来说，青年时期最适于陶冶。青年们能够趁这时期自己注意到道德的训练，自是非常有益的事情。

青年修养问题，范围很广，如个人日常的生活规律、求学、交友、恋爱、职业，以至人生观、世界观的……种种方面，无所不包。在事实上，这些问题，诸君正不断地在自己的环境里接触着，而且所受自动的或被动的、显著的或暗示的训练一定已经不少。诸君如果能够好好地应用到生活上去，似乎再没有什么问题。不过事情却并不如此简单。我们所处的时代，正是一个青黄不接的过渡时代，社会阶层复杂，而且在不绝地变化着，五花八门，几乎令人无从捉摸。在这样的时代，道德的标准也就因社会阶层的不同而各异其趣。因此我们就得注意到：我们对于任何道德训练，在接受以前，都得经过精密地考虑，检查出它所凭借的基础来，然后加以抉择。

道德的标准因时代而不同。这从诸君在学校里所修习的一门功课的名称的改变上就可以证明。这门功课是以对诸君施行道德训练为目标的，现在叫做"公民"，但在十多年前——五四运动之前，却并不叫做"公民"而叫做"修身"。就内容的性质来看，前后可说是大同小异，并无本质上的差别，所以要把名称改变，就因为在叫做"修身"的时代，训练的目标是以"个人为本位"的，后来时势不同了，训练的目标要以"社会为本位了"，这才改叫做"公民"。从个人本位的训练，转变到社会本位的训练，在教育上不能不说是一种进步。

不过社会上有些事情，往往注意到了这一方面，就把那一方面疏忽了。就这青年道德训练问题来看，最近十多年来一般的趋势，因为大家的注意力集中到社会问题和国家问题上去的缘故，关于个人的修养方面似乎太少有人关心了。像从前那种形式的、禁欲的、玄虚的个人修养，违反身心的发展，结果容易造成一些假道学、伪君子或迂夫子，我们当然不敢赞同。我们听说在世界上，有人正在鼓吹无条件地信仰偶像，养成青年的盲目的、被动的服从性，其结果大抵只能造成一些供人驱使的奴才，我们也不敢表示苟同。不过合理的，基于个人生活的现实性和社会性的基本训练，我们却以为应该充分接受。举例来说，节制和勤勉等德性看似平淡无奇，却是任何人从事任何事业所必须具备的条件。不能运用自己坚强的意志力量来克制不合理的欲望，其结果必致为欲望所牵制，无法保持自己的节操。又如一味散懒成性，苟且因循，任何学问或事业就都难望有成功。所以我们一方面固然要着眼于国家、社会等大问题，同时也不可把个人方面的种种基本训练完全忘记。

青年修养问题，范围既非常广泛，可以说的话当然很多。这里我们随便举出了上述的两点意见，不知青年诸君以为如何？

刊于1937年1月1日《中学生》杂志71号

充实的健全的人

我们对中学生诸君进言,一向劝诸君自学,做"为己之学"。教师或旁人无论如何胜任,无论如何热心,总之不过在先做个引导,从旁做个帮助;脚踏实地一步一步学习上去,全靠诸君自己。学习又得跟整个生活打成一片;学得的一点一滴,必须化而为生活的营养料,才有受用。这些意思都浅近不过,就是没有人说,诸君自己想想也就明白。可是想明白跟照样做,其间还有一段距离。

我们想,需要充实的健全的人,再没有比现在更急切的了。就国内说,千万项的事业要兴办起来,无尽藏的资源要开发起来,学术文化至少要够得上世界一般的水准,工作服务至少要不缺乏我国传统的美德,这才能成就建国大业。就世界说,一班讨论战后问题的人差不多有相同的意见,就是:各国人都得有或多或少的革故更新,把思想改得更明澈些,把胸襟改得更阔大些,这才能和平相处,奠定世界新秩序的基础。要实现这些个，全靠充实的健全的人。少数人充实健全不济事。充实的健全的人愈多，成效愈大。请记住，现在是这样的一个时代。

咱们有整个的教育系统，从小学至大学有各种的学科，除了学科而外，有环绕咱们的事事物物，足以引起咱们的思维与觉解：这些个咱们都不比人家短什么，依理说，咱们的学习至少该像人家一样的好。假如咱们很少成就或竟没有成就，那一定是学习的精神上跟方法上出了毛病；虽然教师或旁人也不免要负点儿责，但主要的还在咱们自己。只有咱们不想把自己充实起来健全起来，学习的精神上跟方法上才会出毛病。如果感觉充实与健全的必要与急切，咱们的学习必然会走上正当的路子，收到应得的成效。

我们时常留心学校的成绩，不凭书面、口头的标榜，不凭大略估量的统计，而从骨子里去看，不免感到前途未可乐观。考卷是成绩，我们亲眼看见与听人说起的关于考卷的趣事与笑话（其实哪里是趣事与笑话！）太多了。考卷还只是成绩的小部分，要看整个莫如看人，人表现全部的成绩。看人的结果，我们不愿意具体地说，说来教人短气，总之距离最低限度的期望还有一段儿。需要充实的健全的人，现在是这样的急切，而这样的人的增多,却不很看得见朕兆①,若说忧患,该没有比这个忧患更大的了吧!

要给成绩不好作辩护,我们知道可以举出种种的理由,环境不良啊,设备不周啊,心情不安啊,还有其他。可是,理由即使有一百种,也抵消不了学习者本身上的缺失,就是:不想把自己充实起来,健全起来。这种缺失不能弥补,所举种种理由即使不存在了,成绩也未必就会好起来。本身没有这种缺失,抱着"充实第一""健全第一"的意志,必然能把有碍的种种理由克服,走上"自学""为己之学"的途径,表现着完美的成绩。种种理由当然是客观的存在;可是我们以为不必引来辩护自己,宽慰自己,最要紧的是问问自己到底想不想把自己充实起来健全起来。

想想吧,这个时代,这个国家,这个世界。学习,学习,所为何来?生活,生活,所为何来?这些虽是近乎哲理的问题,但做一个人,你要不含糊、不马虎,就必须解答这些问题。解答之后,充实自己,健全自己将是必然达到的结语。于是一切学习(不止限于学科方面)也将以全然不同于往日的精神跟方法来进行,结果

---

① 朕兆:征兆或预兆。

完成个无愧于当世的人。人人都如此，咱们就没有忧患了，咱们的前途绝对乐观。

1943年9月1日作

作文和做人

品德教育重在实做,不在于能说会道。

譬如去年高考的作文题是《先天下之忧而忧,后天下之乐而乐》,要是有一位考生写得头头是道,有理论,有发挥,准能得高分数。但是他离开考场,挤上公共汽车,就抢着靠窗坐下,明明有一位白发老太太提着菜筐挤在他膝前,他只当没瞧见。你说这位考生的作文卷子该不该得高分数?依我说,莫说高分数,我一分也不给。他连给老太太让个座的起码的好习惯都没有养成,还有资格谈什么"先天下之忧而忧,后天下之乐而乐"吗?

也许有人说,你太认真了,那是作文,那是考试。对,是考试,在公共汽车上给不给老太太让座,这才是真正的考试,他一分也得不到。

文当然要作的,但是要紧的在乎做人。

1982年12月28日作

诚于中而形于外

说话要有礼貌，语言要和礼貌联系起来。"礼貌"这个词，第二个字是"貌"字，这个"貌"好像是外表的东西。其实不然，礼貌是和思想意识、生活习惯有密切联系的。我想到两个字，一个字叫"诚"，还有一个字叫"敬"。"诚"是什么？我看大概相当于实事求是。"敬"呢？用现代话说叫"当一回事"。无论干什么都要当一回事，不是在表面上随便敷衍一下。如果我招呼人家，对于对方的亲切和尊敬就会在语言中表现出来。"诚于中"就会"形于外"。大家都主张要使讲礼貌形成一种社会风气，学生、教师、家长、社会上所有的人都要讲礼貌。礼貌不是外表，不是脸上笑嘻嘻，话说得天花乱坠，要"诚于中而形于外"，彼此相处非常亲切，在一起没有什么不舒服的感觉。

语文老师教语言要注意培养学生正确的敏锐的语感。我觉得有些人说话出毛病，就是因为没有正确的敏锐的语感。我们天天要说话，都要注意自己培养正确的敏锐的语感。为自己着想，也为听你说话的对方着想，应该能够敏锐地察觉自己说的话是否合乎礼貌。不这样注意语感，往往在不知不觉中使对方觉得不愉快，或者得罪了人自己还不知道。我收到过这么一封信，开头说："某某同志，您的意见是正确的，我们准备考虑您的意见。"我倒不是看了就觉得不舒服，但是觉得这位写信的同志的语感是不大敏锐的。"您的意见是正确的"，领导口气！"我们准备考虑您的意见"，既然是正确的，就不仅是考虑的问题。正确的，就应该想法去办，"考虑"，那是还不大明白到底正确不正确，所以要"考虑"。这位先生的语感就差一点儿。

还有作报告，有许多人常用一种无主语的句子。讲语法的人往往这么说，无主语的句子常用于命令和告诫。现在有些作报告的人很喜欢用一联串的"要怎么样，要怎么样"，有的能来上十几个。是不是可以加上一点成分，把话说得亲切一点儿："咱们要"，包括你老先生也在里面。"要怎么样，要怎么样"，好像"我"不在内，只是指"你们"，听报告的人就会觉得你高高在上，他们都是来听你作指示的。假如作报告的人语感敏锐一点儿，改成说"咱们要怎么样"，听的人就会觉得亲切得多。

还有脏话，说的人大概也不知其脏。这不仅是个语言问题，更主要的是态度问题。说话和态度是很有关系的。就以"对不起"三字为例，口气不一样，态度不一样，意思也就不一样，可以是威胁，讽刺，也可以是表示歉意。这和说话的环境也有关系。

有没有具体办法使大家语感敏锐一点儿，不要无意之中使别人不愉快？教师尤其要注意。从幼儿园起，小学教师、中学教师都要注意这个问题。要来一个广泛的宣传。教师不光要作宣传，还要带头。写几张纸贴在那里，"我们要讲礼貌！""我们要讲礼貌！"恐怕没有什么用。大家先不讲礼貌有什么用处，先尽其在我，"我自己"特别注意讲礼貌，风气才能形成。要形成讲礼貌的风气，要养成文明的说话习惯，要有好的语感。有了文明习惯，有了好的语感，讲起礼貌来就自然，就靠得住。假如心里老是考虑："我要讲礼貌，我要讲礼貌"，这是很勉强的。勉强的事情是不能持久的。记着的时候还行，忘了的时候，脏话就来了，这当然不能形成社会风气。所以要养成习惯，习惯成自然，不必想，自然而然地做到不使人家不舒服。

人和人之间的关系，还有很多要讲，例如"得体""不卑不亢"。但是最起码要不使对方觉得不舒服。同心同德，最要紧的是彼此之间非常亲密，非常融洽。在言语之间不知不觉地麻烦了别人，就违背了同心同德的道理。

1980年11月4日发表

爱好和修养

现在多数青年爱好文艺。巴金先生的几部长篇小说，卖价很贵了，但是大家抢着买，把书店的存货买完了才歇。一些文艺杂志，大部分的主顾是青年；在路上，穿着童军服的初中学生和穿着灰色学生服的高中学生，他们手里往往拿着一两本新到的文艺杂志。听青年们谈话，常常自认为文艺的爱好者；他们要出刊物，办壁报，把自己试作的文艺（包括小说、诗歌、小品、随笔之类）发表出来，给别人阅读。

这种现象是可喜的，因为青年们认定了一件值得爱好的东西，就是文艺，这东西将使他们忠于生活，把心思深入现实和理想的精奥之处，而不仅做一个随波逐流人云亦云的人。但是我想，单是自认爱好是不够的；既说爱好，必须真个爱好。对于无论什么事物，要能真个爱好，都得逐步逐步地修养；修养越有进境，爱好越见真切。若不在修养方面注意，你自己虽然爱好，虽以为这爱好发于本心，其实只是盲目的，被动的。人家如果问你:"你为什么爱好文艺?""文艺能够引起你的爱好,为的什么?"你便将回答不出来。

爱好品茶的人,运用他的味觉,辨别各种茶叶的味道;既而知道某种茶叶是恶浊的,他所不取,某种茶叶的味道是清美的,他最为心爱。真个爱茶的人对于茶的欣赏,可以写成一部书呢。而他当初运用味道来辨别,便是他的修养功夫。爱好书画的人,运用他的视觉和心灵,鉴别各种书画的美和丑;到鉴别得广博且精熟的时候,他不但知其然,并且知其所以然,就是不但知道这是美,那是丑,并且知道这为什么美,那为什么丑。对于那些美的,他自然真切地爱好,每玩赏一回便是一回无上的享受。如果他自己动笔,心手相应,即使不能便成传世的名品,也决不至于恶俗不堪。这样才是真个爱好书画,而他当初运用视觉和心灵来鉴别,便是他的修养功夫。假如不经过修养功夫,只是羡慕品茶,以为雅事;虽把"碧螺春""铁观音"罗列满前,你还是个并非真个爱好品茶的俗客。爱好书画的也一样。你若以为不懂书画不体面,必须挂在口头谈谈,提起笔来挥几笔,才算雅人深致,而实际上又不求真个懂得;虽已看遍了宋元真迹,名家杰作,或者竟能够书写各体书法,绘画山水人物,你还是个并非真个爱好书画的门外汉。

青年们既然自认爱好文艺，必须在修养方面下功夫。就阅读说，不该因为这写在纸上的名叫"文艺"才去读它；如果这样，便是顾空名而忘实际，应该想，我为要深入各种的生活，接触作者的心灵，所以要读它；这样想的时候，修养的基础便打定了。要深入，要接触，读一篇东西自然不能像一般人看戏看电影一样，只知道红面孔登场了，白胡子跌倒了，或是甲男和乙女爱上了，丙男和丁女闹翻了，就算满足，必须把篇中说明的什么彻底了解。一个词儿，一句对话，都不轻易马虎过去；乃至一个比喻，一个穿插，前后许多节目的照应，人物和环境的交互关系，也要辨别得清楚，认识的确切，这样才算彻底了解。这是第一。第二，必须把作者所以要作这篇东西的主旨体会出来。大概所谓文艺，与普通论文不同之处，就在后者把主旨明白的说了出来。主旨有意思，寄托又恰如其分，能使读者体会得出，这是作者方面的事儿；根据自己的固有经验，又根据当前对于这篇文字的彻底了解，把作者没有明说的那个主旨体会出来，不错误，也不缺漏，这是读者方面的事儿。在体会出来的时候，读者便感到极大欢快，爱好文艺的热心，到这里才得到真实的酬报。自然，你还可以进一步批评那作品，或者发觉它的主旨不很圆满，或者议论它的技术尚有缺点。但是，这必须待第一第二两项功夫做到了家，才可以着手。否则，对于作品的本身还没有彻底了解，对于作品的主旨还没有把握得住，而要加以批评，便难免信口乱道，搔不着痒处。所以，第一第二两项功夫，是爱好文艺的青年所必须修养的。

依理说，名为"文艺"，当然是成品的东西。但是事实上不一定如此，不成品的东西，也往往冒着"文艺"的名称。青年没有这许多闲工夫，最好不要凭名称来选读；为得到实益和经济时力起见，应该选读那些真个当得起"文艺"这个名称的东西。请教别人自然是一个办法。别人说什么东西值得读，就去读；别人说某篇东西该怎样读，就怎样去读；只要那个人的确有一些门径，便不至于上当。但是请教别人还不如训练自己。把自己的眼光训练起来，成品的或不成品的东西，一到面前就辨别得出；若是成品的东西，读下去就能够应用最精善的读法：这样，岂不随时方便，终身受用？而要达到这个地步，还得如前面所说，在第一第二两项功夫上修养。你要求彻底了解，你要求把捉主旨；如果遇到不成品的东西，在彻底了解和追求主旨之后，觉得这里也有疏漏，那里也有缺点，你就很容易断定它不是成品。同时，你对于读物也就有了真的好恶。成品的，你将更深切地爱好它；不成品的，你将很自然地厌恶它：浪费时力在阅读不成品的东西上，这种事情便难得有了。

再就写作说，我以为青年试做文艺是好事情，但必须先有最起码的修养，就是：能运用文字把自己所知所想的东西写出来，明白而有条理，没有理论上和语法上的错误。一张请假条都写不好或一篇演讲记录都记不来的人，他决没有试作文艺的能力；不相信，定要去试作，也不过胡搅一阵罢了，实在没有什么意思。这一点最起码的修养，本是无论什么人都该有的；一个人若不能运用文字把自己所知所想的东西写得明白而有条理，他就算不得一个合格的公民。现在有些青年以为写东西只要提笔写下去就成，不很顾到所写的明白不明白，有条理没有条理。我要爽直地说，这是一种要不得的习气。这种习气会使你写不好一张请假条，记不来一篇演讲记录；这种习气会使你终身得不到写作的实益。所以，即使是不想写文艺的人，也不该染上这种习气。自认爱好文艺有志试作文艺的青年，当然不该染上。须要知道，文艺是"运用文字"写成的；对于文字若还不能运用，又哪里谈得上写作文艺？

其次，一个人过生活，本该认真和踏实，对于自己和他人，都要对得起，都要无愧于心。一般的修养，目标就是如此；要想试做文艺的青年，当然也该向这方面努力。所谓文艺家，并不指一些会说花言巧语的人。有些人生活既充实，又能从生活中间发觉些什么，领悟些什么，并且运用文字把它们具体地叙写出来，那才是文艺家。生活充实的时候，发觉和领悟的机会自然常有；要写文艺，便有了个取之不竭的泉源。生活不充实，勉强去找一些东西来写，这便像向枯井里汲水，即使偶尔有一点儿，也只是混浊的泥浆。有志试作文艺，对于名作加以研读和揣摩，固然重要；但努力于生活，多做，多想，多观察，多体会，比较起来尤其重要。因为前者只能给你一些帮助，而后者却是开源的办法。生活当然指目前的而言；你若当学生，就得使自己的学生生活十分充实。一个学生生活十分充实的学生，很可能就学生生活的范围，写成很像个样子的文艺。

1941年11月20日发表

关于谈文学修养

我读了些谈文学修养的文字，如说该确立人生观与世界观，该多方面观察多方面体验，该广泛地阅读各种书籍，该从各地方各等人的语言中去学习去提炼，训练自己，使自己能够说出并写出富于艺术性的语言，这些都有道理。不在这种种方面着力，徒然执笔写作，必然写不出什么像样的东西。不过有一点意思似乎应当补充，就是这种种努力本是为人之当然，我们为人，就该留意这些项目，即使不弄文学，也不能荒疏。为什么要补充这一点意思？因为唯有认清这一点，才能明白文学与生活的关系。文学是生活的源头上流出来的江河溪沟，不是与生活离立的像人工凿成的池子似的东西。一个人生活充实，表现出来有种种方式，道德、学问、事功都是，而文学是其中之一。生活在先，文学在后。生活充实的人不一定要弄文学，不弄文学的人却也一定要求生活充实，如果单说文学修养该怎么怎么，就等于说为文学而求生活充实，这显然有些本末倒置。从反面推想，或许还会想到不弄文学就可以不管人生观什么的，也就是不弄文学就无须乎求生活充实，那更是坏影响了。

再说，文学是个浑然的整体，勉强打比方，好似一股活水，时时流动，时时进展，却分不开这一部分与那一部分。虽说我们人具有智慧，能够自省，对于生活会有所觉解，但并不取那种机械的分析的方式。我们说一句话，笑一笑，这中间正蕴蓄着我们的人生观与世界观，可是我们不想到什么人生观与世界观。人生观与世界观的确立就在一言一笑一思一感之间。若是特别提醒自己，现在我们要确立人生观与世界观了，恐怕只有茫然无所措手足。我们对着山水默想，临着事物沉思，这就是观察或体验，可是我们不想到自己在观察或体验。观察或体验总之是以心接物，进一步是心与物融和，合而为一。若是事物当前的时候，我们有意地嘱咐自己，现在观察吧，现在体验吧，这就把心思分到旁的方面去，即使能有所得，恐怕也不会多量，不会深至。

这样想来，所谓该怎么怎么，大致只是我们研究文学家，看他们何以成功，归结出来的若干项目。而文学家自己虽然确曾这样那样做过来，却未必条分缕析的意识着，他们只是在生活的大路上迈步前进，不断地求其充实。在研究别人的时候，条分缕析诚然是一种方便，可是在自己实践的时候，条分缕析不免会把生活弄得支离破碎，不成个浑然的整体。并且，该确立人生观与世界观，该多方面观察多方面体验等等，都一说就明白，并非难懂，但也并非究竟，究竟在于真能确立，真能观察，真能体验，这些都传授不来，都不是"外铄"的事情，都得从各人整个的生活出发。生活到某种地步，自然有某种的人生观与世界观，自然能作某种程度的观察与体验。且不说文学修养吧，就说生活修养，听人家说了一大套，该怎么怎么，对于我们的生活到底有多少益处？与生活充实的人交接，读生活充实的人的传记，比听"生活修养谈"是好得多了，因为这不是知识的授受，而是实践的感染。但是也只限于感染而止，我们的生活能不能也充实起来，还得靠我们自己。我们虽然生在人群中间，对于各自的生活却只有冥心孤往，独力潜修。大家的充实不就是我的充实，我要充实，人家帮不了忙。

　　这岂不是文学修养几乎无可谈了吗？照我的浅见，实在有些无可谈。就是探到根源，不谈文学修养，而谈生活修养，也还是无可谈。可谈的只是些迹象，只是些节目，而精神与总纲在于各人自求得之。自求得之也未必谈得来，因为生活就是生活，本来不是谈的事儿。

1944年6月20日发表

"民众文学"

每一回坐火车，坐小汽船，每一回经过市上的铺子，工人的休息地方，便看见一种很平常而不足以引起注意的现象。实在这种现象有极重大的意义，一般人的思想所以如此，行为所以如此，生活的一切所以如此，可以说这种现象是造成化成的要因。这在当事者，一丝一毫也不会觉得；即旁观者也以为这其间的因果关系决不致若是之甚。孰知竟有若是其甚；世人侈言教育，侈言教育有若何之功效，乃不知唯这种现象乃为有功效的教育，唯一般人受这种教育的，乃能身体力行他们所奉受的。这还不值得加以注意吗？

我所说的现象就是：在上面所称的种种境遇里，最容易看见社会里各类的人，而且数量也较多。他们因为无聊，或者欲期消遣，常常拿了一本石印细字的小册子在那里阅览。这种小册子，比不论什么高文典册都流传得普遍，穷乡僻壤，买不到一本小学教科书是平常的事，石印细字的小本子却总是有的。或在庙场上设一个摊，或在市梢头墙角摆一条板凳，就这样发卖了。所以凡是识几个字的人，识了破体的也好，识了简写也好，身边摸得出一个两个铜元，就有与这种小册子接触的机会。当坐火车，坐小汽船，坐航船，或者坐在柜台里没有买卖做，坐在休息地方等闲过去，这是个寂寞烦闷的时候；小册子自然取在手里了，小册子里的灵魂也就一一侵入他们的脑海了。

关于这一种现象的影响何如，我的朋友俞平伯许昂若已经说得很详细，并且同我此篇一起刊出，不用我再行述说。我所说的，就是此事关系重大，凡是留心文艺的人，应对此尽一部分的力。对于文艺的创作和欣赏两面，希望其逐渐提高，这原是我们应有的愿欲，但只顾提高，一方面绝尘而驰，一方面愈形落后，决不是我们心以为满足的。况且我国的情形是特殊的，无论讲什么东西，无论将什么东西提高到若何程度，只有少数之尤少数的人会发生一点关系，其外多数之尤多数，无论如何绝不相干。从此永远隔绝么，还是慢慢地引他们渐近于高度么？这不待深密的讨究，自然愿意取后者。所以文艺的创作和欣赏两面，固然希望逐渐地提高，更希望逐渐地普及。

我们更应当明白，社会的基础大部分是立于读石印细字的小册子的人们的身上。这不以贫富区分，也不以贵贱区分，凡是读这种小册子的就是一阶级。这所谓一阶级，自然包括言之，细细区分，见浅见深，更不知可区分为若干阶级。他们在社会上，判断众事的是非，处理业务的经过，待人接物，论事弹时，无不自以为正正经经，有是无非。一切的事务就是这样的孳生出来，大部分的历史就是这样的组成起来。考查他们根据了何种学说，依照了何种先例，才这样那样的做呢？别的都不是，就是这一类石印细字的小册子做他们的指导者，识得字的直接去看，不识字的间接去听看得懂的讲。我们只要混入一般人的群中，不要俯瞰远嘱地在人群外空口说话，立时可以觉察这种情形是到处皆然的。

我曾经留心这一般人对于他们的读物抱什么态度？这竟奇怪，教徒对于圣经或者还有怀疑，他们对于小册子却绝对的信服。看了极浅显的地方，往往可以推出深广的意义。我且说我们时常经历的。他们读小册子的时候，喜欢一字一句地诵读，声音矜持而态度严正，无论读的人是个极流动的人，读的书是本极浮荡的书。这或者由于他们读书的能力不大高明，然而也可以看出他们专心一志，视此事为全部兴味的寄托。他们的谈话，同博学通人一样，也喜欢引证设喻，而所据每不出小册子的范围。更有一层,他们对于所引证据,所称古人,决不批评或怀疑。尝听见一人说:"演义里的事迹,和说传——说书的口里说的叫说传——里的事迹大异,但都有其事的。"这类事情似属细微不足道,但可以相信一般人对于小册子的态度是信服的,毫不怀疑的。

假若现在流行的小册子完全是好的,那是好极了,也更不必别讲什么社会教育,即此一事已可收莫大之功效。无奈我们虽然没有多大的工夫和能力去调查这些小册子,就偶然接触的若干种看来,总觉得不能满意,至少也要说一句"瑕胜于瑜"。一般人之喜欢和信服小册子既如彼,小册子之不甚高明,违于渐引以达高度之意又如此;则除了整理民众文学,创作民众文学之外,似乎不再有更妥善的办法了。这是人人所同的意见,不论何人讲到此事,总是得到同样的结论。

民众文学不只是一类东西呵!我们的理想和希望,凡是人们所看所读的东西都要是一种文学。那时候无论是提高到常人所能领会以上的,或是一般人所能欣赏的,凡是人们所看所读的东西,统可谓之"民众文学";于是此四字之内涵,就等于"文学"两字之内涵了。现在自然做不到此。各种人有各种嗜读爱看的东西,而都不见得就是文学。这唯有留心文艺的人,就他们原有的种种以内,加以选辑或删汰,仍旧还他们以各人所嗜好的;这是一。或者取他们旧有的材料,旧有的形式,而为之改作,乘机赋以新的灵魂;这是二。创作各种人适宜的各种文学;这是三。

不论改作或创制,第一要于形式方面留心的,就是保存旧时的形式。他们习惯了旧时的形式;与以同样的形式,于容受①上就多了几许助力。托尔斯泰的办法,请人复述一遍之后,重行照样写定,这当然是可以照抄的。

至于实质方面,只要作者态度严正一点,其外多可以容留。若然绝对的不容留旧的,也许因相去太远,一般人又要看做绝尘而驰的神骏,不敢跨上马背了。作者态度严正了,则有几点残暴的性习,淫秽的思想等,自然屏于笔外。能做到如此,消极的效果已经不小了。

我说芜杂已极,又没有胜义可以告人,非常惶愧。我想这事本不是作几篇小文可以了的,真有志的英雄,还当矻矻②不已,从切实方面去做。那一天石印小本子

---

① 容受:容纳接受。
② 矻矻(kū kū):勤劳不懈的样子。

令换了灵魂，而依然流行于火车小汽船航船铺子工场之中如今日一样，这才是我们的骄傲呢！

1922年1月1日发表

也要说说乐趣

向科学进军！这个号召提出以后，我们听见过好多回讲说，看见过好多篇文章，鼓励大家奋勇前进。

多数的讲说和文章往往说些大道理。个人跟国家的关系怎么样，科学工作跟社会主义建设的关系怎么样，必须充实自己才能对祖国有所贡献，诸如此类。还有呢，恐怕预备进军的人遇见困难立刻低头，先对他们说些不要怕困难啊，没有一门科学是容易的啊，唯有能够战胜困难的人才会成功啊，诸如此类的话，让他们有个精神准备，积蓄些战胜困难的勇气。

大道理诚然要讲，讲了才能叫人家明了科学工作的目的和任务。搞科学工作诚然不容易，谁要是认为向科学进军跟公园里去散一回步一样稀松平常，他就非马上向后转不可，预先给提明一声也确有必要。可是，我以为光说这些个还有点儿不够似的。

为什么不说一说搞科学工作的乐趣呢？大至天体，小至原子核，物质的运动和分合，生物的生长和繁殖，各有一定不移的规律。经济的发展，社会的发展，跟自然界各方面一样，也各有一定不移的规律。这些规律，已经发现的当然很多，还待人们去发现的也还不少。谁能够发现这些规律里的一条两条，固然了不起，即使发现不了，只要能够掌握这些规律，也是很高很大的乐趣。掌握了这些规律，就是真正懂得了这些事物，这种乐趣岂是寻常所谓趣味所能比的？从掌握了这些规律再进一步，就可以利用这些规律为人类造福。驱遣万事万物，可是绝不为一己的私欲，这种乐趣可以说是最高最大的了。在能够掌握规律以前，要做许多研究工作，研究的阶段不会没有困惑，可是，每逢打破一重困惑，同时就享受到一种乐趣。一批材料找到了，一条思路想通了，一个设计拟定了，一种假设证实了……这些时候都会感到"柳暗花明又一村"的乐趣。这种乐趣引起继续前进的勇气，明知还有新的困惑挡在前边，可决不想回头。搞科学工作的乐趣，可以说的太多了，既然鼓励大家向科学进军，为什么不说一说呢？

也许是"趣味主义"这个名儿的影响吧，只怕说了些乐趣啊什么的话，就会取得一顶"趣味主义"的帽子。诚然，讲乐趣也可以说就是讲趣味，可是讲趣味也该分别开来看。不管目的和任务，眼光只注在趣味上，这是"趣味主义"。不领略某一事物本身固有的趣味，只是浮光掠影地检一些不相干的东西，认为大有趣味的"噱头"，这也是"趣味主义"，而且是庸俗透顶的"趣味主义"。如果情形跟前边说的都不同，那就不该戴"趣味主义"的帽子，谁拿这帽子戴上来，尽可以原璧奉还。

不妨看看学校里教学科学基础知识的情形，也不妨看看通俗书刊传布科学基础知识的情形。这两方面差不多是一样的，如果离开了科学知识本身，外加一些"噱头"，希图来点儿趣味，那对于学生或读者毫无益处，并且有害处——因为分散了他们的注意力。如果把科学知识讲得很呆板，也就是通常所谓公式化，应讲尽讲，可是缺少那股劲儿，缺少想象力和逻辑，那也会使学生或读者松懈下来，或者还要懒懒地想，原来科学是这么乏味的东西！必须依据科学知识的系统，作恰如其分的启发，使学生或读者随时有所领会，又随时觉得非立刻进一步追求不可，那才是善于利用科学本身固有的趣味，那才能给学生或读者永远的鼓舞。对于最后一种情形，我们说，这才做好了教学工作或编辑工作。

宣传向科学进军，如果能就科学工作本身，深入浅出地，亲切生动地，多说些搞它的乐趣，对于预备进军的人将是极强的劝诱。前边有这么个美妙的境界在,就是不为什么也要去,何况上前去有伟大的目的和任务。前边有这么个美妙的境界在,一路上有些困难就算不了什么,要上前去自然得战胜所有的困难。预备进军的人这么想的时候,他们就勇气百倍了。

1956年9月27日作

何所为而学习

现在抛开"唯有读书高"的"读书",从青年自身成长上说,书究竟是要读的。不过该把"读书"看作人生的一部分活动,包括学习的一切过程在内。要是单就字面看,以为"读书"就是把一本一本的书读过,此外没有别的事了,那就非上当不可。上当的人实在很不少,小学生捧着《自然》教科书"米呀麦呀",无异读国文,一年一度的远足跑到田野间,看见稻和麦依然陌生,非上当而何?

为免生误会计,说"读书"不如说"学习"好。并且,书虽然"把人类过去从奋斗中得到的经验和理论告诉后来的人",但是书的功能并非不能被代替的;如果动物园、植物园、博物院、无线电广播、有声电影等等不为玩好或营利而存在,能够供社会大众普遍享受,那时候不用说书,就是文字也将成为可识可不识的了。而参观动物园、听无线电广播、看有声电影等等还是学习,与读书一样。

学习不能没有中心；换句话说，学习这个，学习那个，要明白何所为。将趋向"封建时代的权威主义和资本主义时代的个人主义"呢，还是趋向"使人类的劳动力无限发展的集体主义"？对这个问题不做决定，学习就像盲人骑瞎马。

年份是一九三二。人是被压迫的中国的人。环境是日帝国主义的枪炮对准我们的胸膛，国际帝国主义罅漏百出①，各自做最后的挣扎。想到这些，何所为而学习就可以决定了。

决定了，于是读历史、地理，为这个；学物理、化学，为这个；体操，为这个；画图，为这个。知道人是终身在学习的途中的，就预备终身"为这个"而学习。

虚无主义的"无所为而为"，应该化为"时代"脚下的泥土了！

刊于1932年1月1日《中学生》杂志21号

---

① 罅（xià）漏百出：比喻事物存在许多疏漏或错误。

学习和劳动

这一回南来旅行，遇见了好些老朋友，结识了许多新朋友。谈话中间，往往提起今年一部分中小学毕业生不能升学的事。有些人认为这是不正常的现象。我说，假如大学、中学、小学容纳的学生数完全相等，那么小学毕业的都可以升中学，中学毕业的都可以升大学。可是这样的情形恐怕永远不会有。既然不会有，那么小学生最多，中学生少些，大学生更少些，成个宝塔式，这是当然之理。所以一部分中小学毕业生不能升学，应该看作正常的现象。毕业生不能升学，并不是他们的知识水平到此为止了，再不能提高了。提高的机会很多。在参加劳动生产中可以提高，加入业余学校或是函授学校可以提高，集体自学或是个人自学也可以提高。

有些人怀疑中小学毕业生参加劳动生产是不是有出息。我说，什么叫"有出息"呢？我们首先要正确理解这个"有出息"。做任何一种有意义的工作，做得好，就是有出息，做不好，就是没出息。不过，在我们国家里是这样，在美国就不同了。在美国，谁有本领搞到最多的钱，谁就最"有出息"。假如我的想法可以取得同意，那么毕业生参加劳动生产，只要努力去做，做得好，是有出息的。

现在有些人谈论"出息"问题，不免受旧社会的影响，看法不大对头。在旧社会里，读书的目的在加入统治集团，剥削人民。现在学生进学校受教育，跟旧社会读书人考秀才考举人完全是两回事。不明白这个道理，这就来了参加劳动生产没出息的想头。

有些人以为既然要参加劳动生产，何必进学校，何必挨到毕业？我说，我倒要反问一句，进学校，挨到毕业，难道为了脱离劳动生产吗？进学校受教育，求知识，正是为了参加劳动生产。单就农业生产方面说，现在生产制度改变了，合作化了，迫切需要提高技术，改进经营管理，迫切需要具有科学知识的人参加农业生产。中小学学生在学校里学习科学基础知识，只要学得扎实，能在实际生活里运用并充实这些知识，那么他们参加农业生产，对于提高技术，改进经营管理，是很能起作用的。

《新华日报》记者来访，要我就中小学毕业生问题写一篇短文。我就回忆跟朋友们谈的话,摘出几点,写在这里。

1957年5月15日作

刊于1957年5月16日《新华日报》

听了一个好倡议

本月十八日早上听广播，说出席科协"二大"的十一个学会的代表联名倡议，要在各级学校里恢复和加强生物教学。我听了这条消息，心里的高兴简直没法形容，跟六七个月前听一位生物老师告诉我一句话的时候的气愤心情，却真可以说正好是鲜明的对照。那位老师神态平静，心里平静不平静自然没法知道，他说："为了准备明年的高考，我的课被挤掉了。"我听了这句话，心里顿时很不平静，现在写在纸上就用了"气愤"二字。

学校里有个习用的名词叫"副课"，始于何时，还须研究查考。这个名词老师和学生口头都只是偶尔说说，心头可刻得很深，彼此有数，心照不宣。在高中，生物属于副课，逢到紧要的时候，副的应该给正的让路，当然要被挤掉了。

我想，"副课""正课"的分别总得取消，不仅是口头上不说它，而且要在师生的思想意识上取消它。现在且不谈这个,还是回到生物教学上来。生物教学如果不恢复和加强,非但谈不上使学生德智体全面发展,光是智育方面就短缺了不小的一部分。而且,生物教学岂仅是智育方面的事呢?认真学好生理卫生,应用到锻炼保健上去,这就是体育方面的收益。认真学通生物进化的道理,打下了唯物主义世界观的基础,这就是德育方面的收益。这样看来,一个学生即使将来不搞农林牧渔,不搞医学卫生,而干别的工作,难道能跟生物学科绝缘吗?只要这样简单地想想,就会觉得谁还要认为生物学科只是"副课",真不知道他存的是什么心思了。

现在十一个学会的代表既然提出了恢复和加强生物教学的倡议,将来党的"十二大""确定国民经济发展需要的教育计划和教育体制"的时候,对此必然会郑重周密地加以考虑。我想,贤明的老师如果认为这个倡议极有意义,应当用实际行动来响应,可是现有的规定不便骤然变更,他们可能会在课外活动方面打主意吧。以下说一些我的粗浅的料想。

我想,他们将会鼓励少年儿童捞些蝌蚪来饲养,用心观察这些蝌蚪怎样逐渐长出四条腿来,直到能够离开了水,成为一蹦一跳的青蛙。他们也会鼓励少年儿童养蚕,或是桑蚕,或是柞蚕,或是蓖麻蚕,各随本地的方便,让少年儿童认真经管养蚕的事,细心观察这些蚕怎样吃叶,既而眠了,不吃叶了,既而又吃叶了,又眠了,直到吐丝结茧,把自己围困在里头;过些日子这些茧破了,出来的却是蛾子,蛾子再不吃什么,雌的雄的只顾交配,然后雌蛾子产下卵来,这就是它们的下一代。

不要说上面提到的两件事只是小玩意儿,请想想,少年儿童从这两件事上将得到多少扼要而且切实的生物知识啊!

我又料想,贤明的老师还将会鼓励少年儿童在可能范围内收集昆虫草木来仔细观察,并用简单的办法保存起来,以便比较。蝴蝶、蜻蜓、天牛、蚱蜢之类是很容易捕捉和保存的,各种农作物和果树、用材树的枝条花叶,在得到许可的前提之下采集一些也并不难,压干保存也容易。少年儿童得到鼓励,必然兴致勃勃,乐于干这些事。收集多了,就可以作种种比较。同样是蝴蝶,这种蝴蝶跟那种蝴蝶有哪些不同之点;蜻蜓跟蚱蜢不同,在哪些方面却又有相同之点;这种花跟那种花有什么异同;这种叶子跟那种叶子有什么异同;这种茎或者枝条跟那种茎或者枝条有什么异同:诸如此类的考察,少年儿童必然感到其味无穷,而且决不至于增加什么力不胜任的负担。收集多了，学校里如果有一小间余屋，就可以作为陈列室，把这些东西有条有理地陈列在里头；即使没有余屋，也可以在课堂里想办法，划出一个角落来陈列这些东西。不太夸张地说，这也是学校的传家宝啊！

　　课堂教学都要用课本，学生凭课本学习，自然可以叫做读书。但是读书并非目的，目的在知道并且搞通写在书里的实质性的东西。上面提到的这些课外活动，可以说是读自然的书，读不用文字记录的书，是直接跟实质性的东西打交道的行动。用文字记录和不用文字记录的两种书都读，而且读得活，读得透彻，学生的得益就难以估量，一辈子受用不尽。我想，贤明的老师必然会赞同我的这个浅见吧。

1980年3月23日作

刊于1980年4月9日《文汇报》

升学与就业

　　暑假将近,升学与就业的问题又将在一部分同学的心头盘旋了。每年逢到这样的时期,我们总要说些话,供给同学们作参考。现在谈谈关于原则上的认识,就是为什么升学,为什么就业。

　　我国一般人把学校教育看作为变相的科举,其中一部分人意识上并不清清楚楚这么想,骨子里却死死地抱住那个旧传统,牢不可破。从前读书人读书准备应科举,考上了一级再考一级,一步步往上爬,爬的目标是做官从政。他们认为现在受学校教育也无非如此。不过他们把做官从政的范围扩展得更广,不限于做官,凡是社会间最优越的地位,有利有势的,都是他们所认为的目标。

　　要一般人改掉这种旧观念,需待社会改变过来,需待他们自己明白过来,我们且不说。我们要说的是此刻预备升学的同学们绝不能同样地抱着这种旧观念,必须在意识上把它彻底排斥才行。不然的话,出发点就错了，出发点一错，在学习的过程中不容易真有所得，即使学而有成，也没有什么可贵之处。

我国一般人把就业看作吃饭的手段。为要吃饭，才去就业。如果不就业也可以有饭吃，譬如有祖宗传下来的遗产，有各种生产事业的利润，那就乐得空闲，无需就业。解决吃饭问题当然以家庭为范围。就个业，自己有饭吃了，是起码的满足，整个家庭有饭吃了，是进一步的满足，整个家庭不但有饭吃，而且能吃顶好的饭，那才是达到了极点的满足。

这也是一种旧观念，要一般人改掉它，与前面说过的一样，我们且不说。我们要说的是此刻预备就业的同学们绝不能同样地抱着这种旧观念，必须在意识上把它彻底排斥才行。饭当然要吃，可是就业不专为吃饭。这一层不弄清楚，出发点就错了，出发点一错，就业不会有好成绩。

为什么说"此刻"预备升学、"此刻"预备就业的同学们，绝不能同样地抱着旧观念？我们希望改变什么，总得找到端绪，开个头儿。一般人习染太深了，虽不是不能改变，也该是不易改变。预备升学预备就业的同学们却正站在出发点上，固然从家庭与社会间也不免有些习染，但究竟不怎么深，从这批同学们改起，正是开个头儿。

　　为什么说抱着旧观念,升学就学不好,就业就干不好?旧观念以学与业为取得私利的手段,其实学与业是同类的事项,既不纯为着私利,也不纯属于手段。现代人的一大进步是认识个己与大群关系的密切。这种认识从实际生活体验得来,要于大群有利,才于个己有利,欲求个己有利,就必须顾到大群。因此,为学与就业必须把眼光放远,所学所业要有利于大群才行,如果纯为着私利,必将走到岔路上去。这是一。所学所业都是即知即行的,说到行,就是当前个己受用,当前大群受用,这个受用便是目的,不是手段。要把为学与就业说成手段也未始不可,可是需认定一个最广大最终极的目的,就是把大群的物质生活、精神生活提高起来,对于这样的目的,为学与就业那才是一种手段。这是二。我们以为在升学与就业之前需有这么一种简要的认识。

1945年5月6日作

学习不光为了高考

干服务性行业，或者干别的什么工作。干各种工作跟进大学一样，都是社会的必需，都是实现四个现代化的必需。所以要对中学毕业生说明白，应该一颗红心，多种准备。这个话说了好些年了，同学们可能听得厌烦了，但是还得说；不但说，还得有具体措施，而且，重要在于具体的措施。等到高考发了榜，问题迫在眉睫，才在口头做些说服教育，效果是不会怎么大的。要经常告诉学生，学习不光是为了高考，也为了将来能做好各项别的工作。光在口头说未必见效，还得采取各种方法，使学生学会干各项工作所必需的基础知识和基本技能，尤其重要的，要使他们在学习中学会发现问题和求得解决的能力。如果能切切实实这样做，他们毕了业，升学就是合格的大学生，干别的工作也是合格的人才。要达到这样的目的，中学的体制恐怕要做相应的改革。怎样改革，要大家来设想，大家来实验。

1979年11月25日作

再谈考试

考试跟平日课堂发问和课内课外练习既是同类的事,按理自该同样看待。在平日,教师要问就问,要让作练习就让作练习,学生则据所知所想回答,按题目认认真真地作练习,彼此的活动都像流水那样,活泼、平静、没拘束、不紧张。那么考试也应该这样,彼此都不把它放在心头,挂在口头,当作特殊事项看待。

再说,考试是学校和教师的需要,并非学生的需要。学校和教师要知道学生学得怎么样和教师教得怎么样,发现学得不怎么好的学生还要想方设法使他转好,所以要考试。而在学生呢,按大道理小道理说,学习的目的可以列出好些个,可是谁也不会提出"为考试而学习"的怪口号。因此,如果说应该把考试放在心头,那也只是学校领导和教师的事。放在心头已经够了,挂在口头却大可不必,非但大可不必,而且会起很不好的作用。

我这么想,自以为并非杞人忧天,我是依据并不太多的见闻才这么想的。"要考试了，大家赶紧准备啊！"说法各有不同，总之是这么个意思，时常从老师的口头传进学生的耳朵。开家长会的时候，老师总要报告全班学生的成绩，得多少分的各占百分之几，同时总要恳请家长共同督促，使得分不多的孩子努一把力，往后得到较多的分数。于是考试和分数不仅放在学生心头，同时也放在家长心头了。不要说"为考试而学习"是个怪口号，只怕已经有不少的学生和家长真的相信学习的目的就在于考得好，得到多量的分数了。再加上名目繁多的考试，更使人加强这种信念。这么多的考试关，非一个一个通过它不可啊！努力吧，为考试为分数而使劲学习吧！这种情形，就教育的道理着想，是不能令人乐观的。

考得好，分数多，固然是学习得好的证明，可是绝不该把考试认作学习的目的。如果把考试认作学习的目的，会有怎样的后果呢？我想，那就会在学生心头形成压迫之感，好像欠了还不清的债，总不得轻松舒坦，这是一。（我希望心理学者研究并测验，这种压迫之感对学生的学习是否有损害？如果有，有多大？）其次，可能使学生把所学的东西看作敲门砖。假如真看作敲门砖，那么不管门敲得开敲不开，手里的砖总是要丢掉的。第三，可能有极少数的学生存着顺利过关的想头，采取些不正当的手段来应付考试。那更是有关品德的问题了。

所以我老在心头祝愿，学校和老师期望学生全都学习得好，这种期望是非常值得铭感的，但是千万不可拿考试和分数来做鼓励学习的手段。鼓励学习，无需外求，就在指导学习之中使学生受到鼓励，可能最有实效。循循善诱，教学相长，学生如坐春风，如入胜境，自然乐于学习，勤于学习。思考问题，试作实验，老师只给简要的提示，学生需作艰辛的努力才得解决；当解决的时候，学生的欢快好比爬上了峨眉的金顶，正是继续努力的推动力。我料想，这样的佳况在好些学校里已经实现；而在不远的将来，由于全体教育工作者的勤勉，将会普遍实现。

那时候当然还是要考试，还是要计算分数，但是大家绝不把考试和分数挂在口头了。学生将会把考试看得稀松平常，今天考也好，明天考也好，不藐视也不重视，只是个我行我素。为什么能够如此？因为他越是认真学习，越能明白学习的目的究竟是什么。

1980年1月27日作

关于偶像崇拜

今年我国江南旱灾,偶像的崇拜重复流行起来。这种迷信现象的流行,使我们想到我国农民的文化水准的低下。然而,我们不能拿这种现象去单独责备我国的农民的。诸君从乡村来的,一定见到农民是在一次再次戽水①终于觉得无效的时候,才开始求天拜偶像的。一位都市的绅士解释禁屠禳灾②的理由,说"人力不济,则求诸天"。这话还算是老实话;若就这话来测量文化水准,则可见我国都市中人也还是有不信科学的力量,只信天。

不过,对于农民的崇拜偶像,我们的观察还不能这样单纯。原始人民求天敬神是由于服从自然的单纯的心理;在社会达到了相当文明的时候,这种迷信的发展已经有着人为的作用加进去了。这是怎样说的呢?我们

---

① 戽(hù)水:指汲水灌田。
② 禳(ráng)灾:指行使法术解除面临的灾难。禳,原是古代的祭祀名。

看，从前的专制帝王就要他们的臣民信神信天；他们自称为"天子"，臣民服从了神和天，当然也服从天之子：这是利用对于自然的崇拜作为愚民的一种策略的。迷信的人思想易受限制，他们永不相信自己的力量能征服自然，改造环境，于是专制帝王的愚民政策便得到成功了。现在农民的求天拜偶像，还不脱传统的遗毒，说来是挺可怜的。

我们如果把偶像崇拜的现象再放得广大些来观察，还要有意义。世间的宗教本来都含有相当的哲理的，这种哲理，即使在我们目前的科学文明时代，把它分析起来，还是很有价值的。然而企图利用宗教来愚民的人就只会把宗教迷信化，使人单把宗教的创始者认作神，而不教人去研究宗教的哲理。结果宗教的原有哲理就在这样的偶像崇拜中被牺牲了。比如，孔子是我国古代的最大哲学家，把他的学说加以研究，可以显出我国在周朝时候的哲学思想的发展，那是多么有意义的事？但是自汉以来的许多专制帝王只知愚民，便为孔子造庙、塑像，为他的弟子立神位，使人单在跪拜上用功夫，倒把阐扬孔子的哲理的重要工作抛弃了。偶像崇拜真是要不得的。如果我们现在要研究孔子，一定不会学过去时代的样子，把他看作一个偶像或神，而是把他作为我国古代的一个大哲学家来看待了。

　　上面这样拉长了谈起偶像崇拜，有着一点中心的意义，就是要使诸君明白：一切的偶像崇拜，对于文化的进步都是有妨碍的。

　　　　刊于1934年10月1日《中学生》杂志48号

"算了,算了"的态度要不得

读二月二十八日出版的《燕京新闻》,知道武大缪朗山教授教学俄文,被地方当局认为思想不纯正,勒令停课的事。这事件的结果,那期《燕京新闻》载得很详细,读者已经见过,这里不必重叙。我要说的是学校当局处理这件事似乎不甚妥当。教授受到无理的压迫,怎么能在"布告栏上贴出了一张纸条,宣布缪先生暂时不上课",企图就此了事?又怎么能让缪先生"接到校长的通知以后,为了暂避无谓麻烦,就住到朱光潜先生家去了",像一个逃避拘捕的罪犯似的?又怎么能要求缪先生接受什么"调停",遵从什么"协商",把那两个条件("不再公开宣扬"与"除正式排定的课程外,不得私自开班")答应下来?不能,万万不能,这其间的是非必须问个明白。教学俄文,没有错。开"拜伦研究"的课程,没有错。地方官吏干涉大学的行政,错。甚而至于违背政府颁布的保障人身自由的法令,错。即使是路人的事情,只要稍稍有点儿正义感的人,就会站在没有错的一边,与错的一边争辩。何况没有错的一边是学校里的教授,并不是什么路人,又何况这不只是缪先生个人的事!不问青红皂白,惟图息事宁人,那是最无聊的和事老的行径。嘴里嚷着"算了,算了",两只手拉开争辩的两造,这样的和事老,我们在街头巷口时常看见,心里不免想他们糊涂。学校岂宜作这样的和事老!何况就事实而论,学校与缪先生明明同在一造,不应该站在和事老的地位!

我说学校处理得不甚妥当,意思大致如上。横逆加身,低头顺受,不能算什么美德。即使事不干己,不加辨别而说"算了,算了",也算不得什么美德。见恶不抗拒,说得重些就是助长那个恶,那简直是恶德了。如今恶德层出不穷,报上常常有记载,耳闻目睹的尤其多。我们且不要摇头叹息,说这个局面怎么得了,我们先要问问自以为不恶的我们自己,对于那些恶事,我们有助长或是纵容的嫌疑没有?我们若说"贪污已成风气,怎能怪某某一个人",我们若说"不拉壮丁,兵从哪里来"诸如此类,我们就犯了助长与纵容恶事的恶德,局面弄不好,我们就该负若干分之一的责任。而且,如今群己的关系愈见密切,我们从实际生活的经验中发见一切的事几乎没有一件"不干己"的。贪污的不是我们的钱，拉去充壮丁的不是我们的子弟，好像事不干己，我们尽可以抱"算了，算了"的态度，不必多管闲事。可是再想一想，贪污妨碍行政的效率，拉丁不利于抗战，难道真是与我们无干的闲事，尽不妨"算了，算了"吗？我们要管，当然会遇到若干障碍，但是，一则"干己"的事不能不管，二则助长与纵容恶事的恶德绝不愿犯，障碍虽然存在，也唯有冲上前去。

"算了，算了"，不与恶斗争，就是信善不坚。真正行善的人就是那抗恶灭恶的人。人谁不欲为善，我们应该自勉。

1945年3月31日作

刊于1945年4月4日《燕京新闻》

"反正是那么一回事"

近几年来常常听到一句话，叫做"反正是那么一回事"。

你说这件事真好，应该提倡。他说："反正是那么一回事。"话只有一句，意思可深沉得很。反正是那么一回事嘛，分什么好和坏！你偏要说好，偏要提倡，岂不是多此一举。

你说那件事太坏，必须反对。他还是来这么一句："反正是那么一回事。"你说坏就坏了？不一定。就算你说得对，你反对得了吗？何必这样咬牙切齿的，反正是那么一回事嘛。

"反正是那么一回事"，这句话好像不偏不倚，心平气和，实质上不但提倡马虎，反对认真，而且模糊了是非美丑的界线，扼杀了好的，容忍了坏的，至少是精神污染的一种病毒。

使人感到可怕的是有些青年嘴上也挂着这句话，他们好像饱经沧桑，把什么都看穿了似的。我希望他们醒悟过来，认清这句话的害处，否则他们就无法抵制各种精神污染了。

学问无用论

予同①先生说,知识分子应该背着十字架到民众中间去赎罪,他写成了《学问赎罪论》。化鲁先生说,知识分子何妨替平民老百姓做工具,他写成了《学问易主论》。他们两位能反省,肯说老实话,不嫌拆穿西洋镜,我佩服。

我现在写这篇《学问无用论》,也是来一点儿反省。我自己很明白,我所以选这个题目由于我自己没有学问。没有,就说他没用,这是人情之常,不待弗洛伊特派的心理学家来戳破这秘密。

他们两位的题目都写着"学问"的字样,文字中间却没讲到学问是什么。学问究竟是什么?问多少人也许有多少个不同的回答。但一般人对于学问也有个笼统的概念,就是入学校"求学"以及到外洋"游学"所得的

---

① 予同:即周予同(1898—1981),浙江瑞安人,中国经学史著名专家。

便是学问。予同先生、化鲁先生没讲学问是什么，想来就为此。细读文字，他们所指的学问正是这个。

假若学问就是这样的东西，我想，学问是无用的。

学校教育承继着科举制度。送子弟进学校的父兄谁不期望子弟将来飞黄腾达。所谓飞黄腾达就是得到一种身份，可以不劳而获，而且"获"得特别丰厚。他们的凭借是掠夺大多数的生产者，如予同先生所说；他们的目标是特殊享受，如化鲁先生所说。我以为知识分子的罪恶就在这一点上，他们根本就不想从自己身上拿出些什么来给社会用。许多人共举一重物，几个人却放下手说："我们不高兴干这吃力的事了，偏劳诸位吧。"这几个人便是知识分子。许多人在那里蒸馒头，刚揭开蒸笼的盖，几个人却走来把多数又白又大的馒头拿了去（自然还有把整个蒸笼拿去，让做馒头的人空咽馋涎的）。这几个人便是知识分子。所谓学问是他们的牌记；挂起学问的牌记，他们得公然放下手让别人偏劳，又得公然拿走多数又白又大的馒头。我这一节是说，从取得学问的动机上讲，学问本不预备去用的。

学问本不预备去用，一方面也实在无所用。

在从前，从专为应考的八股文、试帖诗到似乎颇有大道理的经学史学等等，无非在书本纸笔上做功夫。八股文、试帖诗是敲门砖，大家知道不足为训。经学史学等等就很了不起了，钩稽、比核、阐发、疏证，写成多少卷的稿子，刻入什么堂丛书什么斋全集，这是可贵的学问。但是，世间多了一部什么堂丛书什么斋全集，除了供那些不预备用的人来了钩稽、比核、阐发、疏证外，还有什么用处？学校教育兴起以后，一切科学也成为书本纸笔上的东西。试看小学校，国语科固然要读、要讲、要写，而社会科、自然科也只是读、讲、写。至于小学以上，能够读者就是最出色的学生。一级一级的书读完了，甚至出洋回国，这好比中了状元，他们便可以著书立说，可以做官治人，可以任教教人。做官一项且撇开不提，著书、任教两项实在与从前刻丛书刻全集无异，同样是从几缸现成的水舀出几勺来，拼成一缸，再让无聊的人来舀。我这一节是说，学问已堕落到仅属书本纸笔上的东西，所以就功能说，它无所用。

还有一层，占有学问的人物是自成一国的。城墙筑得很坚，城门终年关着；在内的人互相往还：书籍，你做，我看；演说，我讲，你听。他们把他们的国土位置在高高的空中。他们低头下望，看见与他们自己相对峙的蠢然无知的所谓"民众"。几声"无知啊""没有办法啊"是他们慷慨的馈赠。至于下面的国土里的人当然不能知道上面的国土里在玩些什么把戏。所以，大学校长被驱逐了，报纸上刊着专电，这在上面的国土里自然是件大事；但是在下面的国土里，就把所有的大学都关起门来，绝没有一个人为此搔头摸耳，睡不着觉，或者反而得多吃一口饭。又如前一二年，文坛上有过热闹的情形，谁没落了，谁升起了，大家动色相告，这在上面的国土里自然是盛况；但是在下面的国土里，试拉一个苦力或者农夫来问，他们必将回答从来没有看见叫做"文坛"的这么一座坛。学问在上面的国土里被看作几缸水，由一些人舀出倒进，这并不能算有用，前面已说过。至于在下面的国土里，学问简直像天上的浮云，云聚云散都与生活漠不相关。我这一节是说，学问与一般生活不相联系，所以就实况说，它无所用。

再来说化鲁先生所提起的"做工具"。知识分子做工具是历史的事实，我们眼前就堆着满坑满谷的例子。似乎学问的用处就在做工具吧。然而不然。科举时代，士子读的是诗文，考的是文章，等到被录而做官治人，诗文文章完全没有用，还得从别的方面去揣摩。我们现在，国学专家当厅长，工科专门出身的当县长，他们所做的事与所占有的学问又有什么干涉？所以学问只是牌记，主人看见知识分子挂起牌记，就招他们去做工具了。并不在利用他们的学问。这犹如现在有身份的男人都要娶女学生,只因为她们是女学生,并不问她们是否更适于为妻。我这一节是说,学问对于工具也是无用的。

农人没有学问,但他们种田,供大家吃;工人没有学问,但他们制作,供大家用。文化文人被说得天花乱坠,最基本还在于大家吃用两项上;哲学家可以说出一百种人生目的,最切实的一说该是要使大家有吃有用;没有学问的人却做了最有用的事情,就因为他们肯劳力。可怜的中国由谁支持在这里?统治者想:"当然是我咯。"知识分子也想"责在我辈",于是主张大学教育救国。这只是想想而已,实际全不是这么回事。百分之八十的农人虽然受种种掠夺,农村渐将破产,他们却担着支持中国的重任。统治者和知识分子如果换一个想头,"我们放弃了责任吧",中国绝不就此坍下去;但是如果百分之八十的农人放弃责任,不再劳力呢,其影响之重大谁都想得到的。

知识分子自夸他们占有那些学问,同时安于特殊享受,这是一般的情形。从今倘若有能够反省的,应该觉悟披在身上的花采似的学问实是无所用的东西,他们便走出空中的国土,下降到黑泥的土地,把学问向每一个角隅分送，也并没有多大实益；因为他们所有的只是这样的学问，是书本纸笔上的东西，是舀出倒进的几缸原有的水。他们如发愿用这样的东西去赎罪，结果必然废然而返①，身上仍烙着"掠夺犯"的印记。有用的事物该是带着自己的一勺水，倒出这一勺水，大家共有的水的总量便多了一勺；这就是必然有所成，有所产。学问要转成有用的，当然也需有所成，有所产，这非学问先从堕落中被救出来不可。谁来救？系铃解铃，还该让知识分子。那被救以后的学问与以前的截然不同，它不复是书本纸笔上的把戏，它将与种田制作同料，是劳力的工作，是一般生活的营养料。其时空中的国土自然消灭，知识分子无异于农人、工人，所以谁的身上都不负什么罪孽。不负罪孽，更何以用其"赎罪"呢？

复次，知识分子为什么不能竟做农人、工人呢？吃的用的无非劳力的产物，既已吃了用了，凭什么理由可以不生不产？劳心劳力分工说只是统治者的诡辩，有赎罪的存心的知识分子定嗤之以鼻。嗤之以鼻，自己动手：研究化学的同时种一畦田，考察天文的同时织一匹布。

---

① 废然而返：形容失望归来或因消极失望而中途退缩。

说到这里，近于化鲁先生的"易主论"了。但我以为这并非易主。元朝换明朝，明朝换清朝，凡前朝所有山河子民一股脑儿归属到战胜的朝代，这是易主。而我们现在所说的情形与此不同。分润①掠夺品的工事既然不必做了，就已勾销了旧时的工具的名籍；正在手里做的事情却是倒出自己的一勺水，而所有的伙伴也无非在倒出自己的一勺水。谁是主人呢？谁给谁做工具呢？说主人谁都是主人，说工具谁都是工具。所以这实在是转变，一转移间，把旧时的属性地位都改变了。

1931年6月4日作
刊于《社会与教育》第2卷6期

---

① 分润：分取钱财，分享利益。

不断的进步

"五四"是我国现代史上青年运动开始的标帜。这个运动所号召的,积极方面是科学跟民主,消极方面是反帝反封建。如果只是少数人的理想,决不能够发动这么一个运动。必然由于客观情势上有它的必需,才会一经号召,就展开成为广泛的运动。所谓必需,说起来也很简单,就是中国人民必需生活得好,物质上精神上都好,而且好没有止境,今天要比昨天好,明年要比今年好。这个必需带来了另外一个必需,就是中国必需成为独立自主繁荣康乐的国家。实现这两个必需是目标,科学,民主,反帝,反封建是途径或方案。"五四"以后历次的社会运动,以及学术研究,文艺创作种种方面的表现,虽然不见得完全一致,可是大体来说,都顺着这一道主流在那里进行,就是遵从上面所说的途径或方案来达到上面所说的目标。谁不顺着这一道主流甚至阻挡住这一道主流,大家就说他反动或者反革命。反动反革命分子是人民跟国家的敌人,因为他不让人民生活得好,不要国家独立自主繁荣康乐。

若问谁是这一道主流中的主力,那必得推中国共产党。中国共产党把科学的哲学作为思想的根据,实事求是,土生土长,制定了种种的纲领跟政策,而且即知即行,行中求知,把理论跟实践搅和成浑然的整体。到今天为止,你看,大江以北的广大地区全解放了,大江以南正在逐渐解放。人民翻了身,建立了民主政权。生产跟建设成为人民狂热的中心问题,尽量的利用科学,期望得到最大的成果。在解放了的广大地区以内,帝国主义、封建主义、官僚资本主义的势力已经一扫而空。所以,"五四"当时所号召的科学,民主,反帝,反封建,经中国共产党的领导跟努力,经广大人民的拥护跟奋斗,才彻底化为有血有肉的现实。这样说法是最为确切公平的。三十年的时间,在历史上说起来,真是短短的一段儿,可是进步就有这么多:我们怎得不非常之兴奋?再想想未来,全中国的解放在最近期间就将实现,在全国人民的勤劳跟热忱之下,生产跟建设必将先于预期而逐步完成,人民的生活没有止境的好起来,新民主主义的新中国强固的站定在东亚:那进步比今天更多了。进步,不断的进步,是咱们该拿来自勉并且自傲的。

1945年5月4日发表

名与实

最近我国与美国签订中美商约,就文字上看,确实表示"互惠"的精神。既是"互惠",那当然是平等条约,不是不平等条约。可是我国与美国的经济力相差太远,在经济力相差太远的两国之间"互惠"起来,实际上只是"单惠",受惠的是经济力强的一面,吃亏的是经济力弱的一面。所谓平等,原指彼此地位均等,谁也不吃亏。现在一面受惠,一面吃亏,那么中美商约并非平等条约,还是与几十年来全国人民痛心疾首的不平等条约一模一样,显然可见。

我在这里提中美商约,不过说这正是我们训练思想的一种好资料。看字面,是"互惠",是平等,应当为我国庆幸。但是就实际方面想,是"单惠",是不平等,应当为我国着急。字面与实际不相一致,庆幸与着急不能调和,我们何去何从呢?我们说,我们必须着重在实际方面,认定中美商约是一份不平等条约,我们不但心里着急,而且要发为言论,表现于行动,打消这一份不平等条约。这样，我们的思想就想对了，又经历一回有益的训练了。怎么说想对了？因为这样想法切合于实际。不切合实际的想头是空想，是幻想，仅仅可以娱悦自己，想着有趣，对于应付实际生活却是全无用处的。

从前赞美一个政府或者一个官吏的治绩，往往有一句话，叫做"综核名实"。名是语言文字的总称，口头说的，纸上写的，都是名。实是实际，一切事物这样那样的存在，这样那样的发展，都是实。名与实要符合，这差不多是人类的基本愿望。假如没有这个基本愿望，在初民时代也不会由发声进化而为语言，到了开化时代也不需要制造文字来代表语言了。因此，能够把名与实综合起来加以考核，是一件好事情。为什么好？好就好在考核之后必然还有下文。假如名实不符，该怎样设法使它相符，名实相符了，就见得事情办得不错，尽可以照样办下去：这些就是下文。能做到这样，那政治是脚踏实地的，当然要说它好了。所以"综核名实"成了赞美治绩的一句话。

其实在个人的立身处世方面，知人论世方面，也很需要"综核名实"。语言文字本身，从一方面说，无所谓好不好。分别好不好要根据语言文字以外的实际。实际好,才说那语言文字好,实际不好,才说那语言文字不好。实际是根本,语言文字只是表现实际的一种方式。所以一个人不能单凭说好话写好文字做人。对于事和人,也不能单凭语言文字下判断,最重要的在"听其言而观其行"。一个人如果能够随时随地"综核名实",他虽然没有读过什么人生哲学,也是个够标准的人了。

1946年11月22日作

身教和言教

加强思想政治教育，提高社会主义精神文明，都是极好的口号，大力提倡很有必要，很是及时。

凡是提出一个口号，就是号召大家齐心协力，共同来完成一项任务，达到一定的目标。为了完成这项任务，达到一定的目标，大家就得预先弄清楚：口号为什么这样提？为什么要在此时此刻提？弄清楚之后，就得想种种切实可行的办法，做具体牢靠的工作，这是最关紧要的一环。如果放松了这一环，口号就终于只是口号，不会有什么实际效果。

在想办法和做工作的时候，不必老把口号挂在嘴上。在某种情况下，甚至提都不用提。例如对低年级的小朋友，假如老跟他们念叨前面提到的两句口号，肯定不会起丝毫作用。其实，对年龄较大的学生也是如此。因为口号只是概括地提出任务和目标，而办法是要根据具体的情况来安排的，工作是要对准各各不同的对象来做的。如果始终停留在口号上，以为只要翻来覆去地念口号就能完成任务，达到目标，当然非落空不可。我相信这样的人是不会有的。

我国自古以来有"言教"和"身教"的说法，还说"身教"胜于"言教"。"身教"就是"以身作则"，教育者自己作出榜样来，让受教育者自动仿效，收到的效果当然比光凭口说深切得多。"榜样的力量是无穷的"，就是这个道理。当然，"言教"还是有用的，还是需要的，"胜于"只是表明比较而已；"身教"跟"言教"相比，当然更为重要。教育者如果光要求受教育者这样那样，自己却不去实践，怎么行呢？受教育者正在瞧着你呐。"喔，原来你光是嘴上说说的，并不打算去实践的。你说的是不是由衷之言呢？我是不是应该照你说的去做呢？"受教育者这样一怀疑，教育者的威信就消失了，随你怎么翻来覆去唠叨，再也进不了受教育者的耳朵，更不必说深印心坎。

有若干口号是向全体人民提出的，要全体人民共同去实践的。加强思想政治教育，提高社会主义精神文明，就是向全体人民提出，要大家共同实践的口号。从这个意义来说，就不分教育者和受教育者，大家都要身体力行，谁也不能说这是对你的要求，跟我并不相干。咱们还要看到，学生不光在学校里受教育，在学校之外，在家庭里，在社会上，他们无时无刻不在受教育。所以家长以及社会上所有的人全都是教育者，全都担负着教育后一代的责任和义务。而要当好教育者，克尽教育者的责任和义务，最有效的方法就是以身作则，因为在一般情况下，"身教"的机会一定比"言教"多得多。

学校是教育青年、少年和儿童的主要场所。社会上所有的人都有教育后代的责任和义务，学校里更是如此，不论领导和教职员工，都应该把加强思想政治教育、提高社会主义精神文明的责任担负起来。分工当然是必要的，但是分工只表明各人的工作有所侧重，而彼此的精神必须融和为一，无分彼此，一齐向着共同的目标。要想到受教育的每一个学生都是整个的人，都是不可分割的，所以对他们绝不能你说东我说西，你粗疏我琐细，各干各的，必须全体人员认识一致，行为、言辞一致，才能真正收到实效。尤其是进行思想政治教育，不但政治老师要管，班主任老师和辅导员要管，课任老师也得管，不教课的职工也得管，大家都身教兼言教，对每一个学生负责，才能保证把他们培养成为德智体全面发展的社会主义祖国的合格公民。

1982年3月9日作

刊于《教工》1982年第6期

独善与兼善

古人谈立身处世，有所谓"穷则独善其身，达则兼善天下"的说法。穷并不是说没有钱用，没有饭吃，而是说得不到时君①的看顾，就是不能够得君行道。那时候只好自顾自，勉力做个好人，这叫做"独善"。达是穷的反面，就是让时君看上了，居高位，做高官。那时候你有什么抱负可以施行出来，使民众得些好处，这叫做"兼善"。古代的知识分子，除开那些没志气的不说，单说那些极端有志气的，他们只能在穷啊达啊独善啊兼善啊两条路上走一条，没有第三条路可走。因为从前所谓天下是皇帝的私产，谁要对天下作什么事务，必须得到皇帝的任用，至少也要得到皇帝的默许，否则就无法作，硬要作就是违碍，非遭殃不可。譬如著书立说，启迪民众，也算是一种影响到天下的事务，如果你循规蹈矩，不违反皇帝的利益，皇帝就默许你，由你去

---

① 时君：当时或当代的君主。

著书立说，不来管你；如果你要说些不利于皇帝的话，皇帝就不能默许，于是焚稿，劈版，杀头，戮尸，种种的花样都来了。你觉得如果碰到这一套挺麻烦，就只好把要说的一番话藏在肚肠角里，隐居山林，诗酒自娱，实做个独善其身。眼见生民涂炭，天下陷溺，也只好当作没有看见，哪怕你心热如焚，实际上还是形冷如冰。从来真有志气的人往往不得志，看他们写些诗文，往往透露出一腔牢骚，其故就在于此。再说那些达的，可以举历代得位当政的一班政治家为例，他们未尝不作些好事，使民众得些好处，但是也不过像牧人一样，好好看顾牛马，无非为了主人，使主人可以多挤些牛马的奶汁，多用些牛马的劳力罢了。无论他们怎样存心兼善，民众还是离不了牛马的地位，如果认定牛马的地位说不上什么善，那么"兼善"简直是空话。说句幼稚的话，古代要行兼善只有皇帝才行得通，他若不把民众放在牛马的地位，他就兼善了。但是，不把民众放在牛马的地位，他皇帝怎么做得成？有那样的傻皇帝吗？至于知识分子，注定的只好独善，没法兼善。并且，要能独善，总得有田有地，有吃有穿。得到那些供给，或由祖宗遗传，或由自己弄来，似乎毫无愧作；可是踏实一想，无非吸了牛马的血汗，与皇帝大同而小异。那么，独善果真是"善"吗？看来也大有问题。

到如今，皇帝的时代过去了，所谓天下是民众的公产。对于这分公产，大家自己来管理，大家共同来管理。就自己管理而言，见到民主的精神。就共同管理而言，见到组织的重要。"四海之内皆兄弟"的情感，在从前是只属于伦理的，如今因为共有一份公产，从实际生活上见到彼此的相需相关，伦理的之外又加上经济的，关系的密切简直达到没法分开的地步。在这样的情形之下，事情干得好大家好，干不好大家糟，没有什么独善可言。也可以这么说，即使你喜欢独善，也得通过兼善才做得到真个独善。如今时代与从前不一样，如今是独善兼善混而不分，而且非"善"不可的时代了。如今无所谓穷，唯有知能不足，不懂道理，办不了事，那才是穷。那样的穷，独善兼善都谈不上。如今也无所谓"达"，懂得道理，办得了事，独善兼善双方顾到，也不过是尽了本分，没有什么所谓"达"的。虽然没有什么所谓"达"的，兼善却万万不可放松。如果一放松，你就是拆了大家的台，使大家吃亏。并且大家之中有个你在，也就是使你自己吃亏。自己吃亏是最为显而易见的，除了傻子谁愿意？

以上的话虽属抽象，对于如今的知识分子却有些关系。本志的读者是中等学生，在知识分子的范围里，所以我们要在这儿谈这个话。我们以为如今的知识分子固然要继承从前的文化传统，但是继承必须是批判的而不是盲目的，值得继承的才继承，否则就毫不客气，抛开完事。关于立身处世的传统，像"穷则独善其身，达则兼善天下"的说法，就非抛开不可。若不抛开，就将一塌糊涂，做不得民主国家的公民。你讲"穷""达"，无异承认社会上有个排斥你赏识你像皇帝那样的特权阶级，而这个特权阶级非但不该有，假如实际上有也要把它打倒，如何能加以承认呢？你讲"穷则独善，达则兼善"，无异说你有燮理阴阳[①]，治民济世的大才，你没有看清如今作事，为自己也为大家，为大家也为自己，并没有一种特别叫做治民济世的事，这个错误又如何要得？认识一错，全盘都错，你受教育就不明白为什么受教育，你作事就不明白为什么作事，你成了个古代的知识分子，距离民主国家的公民却有十万八千里。我们想，如今的知识分子第一要不把知识分子看得了不起。知识分子了不起乃是知识封锁时代的现象，民主国家知

[①] 燮（xiè）理阴阳：指大臣辅佐天子治理国事。出自《尚书·周官》。

识公开，知识共享，人人有了知识，人人成为知识分子，也就无所谓知识分子了。第二，要在实际生活中贯彻着"四海之内皆兄弟"的感情，真正见到彼此同气，不能分开，于是各自去参加"大家自己来管理，大家共同来管理"的某项事务。见解如此，才算脱去了古代知识分子的窠白。

单管认识与见解，不顾日常的实践，还是不济事。做个民主国家的公民，必须随时随地实践，随时随地顾到共有的这份公产，才能使国家真个成为民主国家，自己与他人并受其益。譬如政治，就不能不管，有些人以为政治是罪恶的渊薮①，管政治是卑琐②醒龊的勾当，不去管它才是清高。其实这是古来知识分子的想头，与如今全不相干。按如今的说法，管政治并不等于做官（进一步说，官也可以做，只要明白做官是为公众办事，并不是去作威作福，鱼肉公众，就好了），只是管理自己与公众都有份的事而已，那些事太切身了，非管不可。选举保长乡长了，知道这关系到一保一乡的福利，就不该随便填个人名了事，更不该放弃选举权，不

---

① 渊薮（sǒu）：比喻人或事物聚集的地方。
② 卑琐：猥琐，庸俗不大方。

去投票。见到了什么意思,或者是积极的建议,或者是消极的指摘①,知道不建议不指摘将会坏事,就不该想多一事不如少一事,让见到的意思在头脑里消逝。诸如此类,不能尽说。总之,凡是该管的样样都认真的管,才是实践。又如与大众为伍,要真个感到彼此为一体,这种习惯也不能不努力养成。从前的知识分子大多抱个人主义,喜欢超出恒流,即或有所交往,也只限于同辈,对于操劳力耕的工人农人,就看作下贱之徒,避之若浼②,民胞物与③,只在谈道学的时候那么说说,在作文的时候那么写写而已。如今彼此既同为国家的主人,无所谓高贵与下贱,而实际生活中又必须相济相助,搅在一起,所以文艺作者有深入民间的切需,知识青年有回到乡村的必要。其实说"深入"似乎未妥,深入了可能还有出来的时候,如果出来,岂不是仍在民间之外?若说"没入"民间,像一滴水,顺着江河归于大海,永不复回,那就更妥帖了。说回到乡村,也不是回去调查调查,考察考察,或者劝说一番的意思,大致也在于"没入",乡间比之于大海,回去的青年就是一滴

---

① 指摘:挑出错误,加以批评。
② 避之若浼(měi):指躲避惟恐不及,生怕沾污了自身。
③ 民胞物与:民为同胞,物为同类。泛指爱人和一切物类。

水。要真个做到如此地步，必须脱胎换骨，把沾染在身上的从前知识分子的坏习气完全消除，向大众学习，与大众共同学习。这又是非实践不可的事。

如今虽然有人嫌民主讨厌，又有人以为我国谈民主还早，可是我们相信民主是当前最好的共同生活方式，必须求其从速实现。就知识分子而言，其知识是可贵的，可是传统的精神必须革除，新的实践必须养成，才能够排除民主的障碍，促进民主的实现。这儿说了一番话，请读者诸君加以考核，如有可取，希望采纳。未尽的意思以后再谈。

1945年4月1日发表

现实与理想

现在人往往说注重现实,要把当前的环境弄明白,要把实际的情势搞清楚。这当然是不错的。可是,并不是弄明白了当前的环境,搞清楚了实际的情势,就到此为止,再没有下文了。假如真的没有下文了,注重现实其实也是多事,倒不如省心省思,任凭现实把咱们来摆布。咱们要注重现实,为的是咱们有理想,那理想就是下文。理想与现实距离多少远?现实若是助成理想的,怎样促进它?现实若是阻碍理想的,怎样排除它?为有这些问题,故而咱们必须注重现实。

没有理想,注重现实至多只能得到些世故罢了。咱们常听人说:如今世道,金钱第一,只要有钱,什么都办得到。又听人说:现在只讲强权,不讲公理,一天强权在手,爱怎么干就怎么干。这些见解分明是从现实中摸索得来的,也不能说它不对,在目前社会中,金钱与强权的确占有强大的势力。可是,听这些话的声气,不正是世故老人的调子吗?而且,其中还含着羡慕与期望，言外的意思是：什么时候我才有大量的金钱啊！什么时候我才有充分的强权啊！存着这样的羡慕与期望，自然只有顺从现实趋势的份儿了。

放眼看世界，不知道怎么搞的，如今正有一批人那样短视地注重现实，他们不但自己毫无理想，还要用理想主义的名称嘲笑人家，而他们却是操持国家大计的人。据说，第二次大战与第一次大战根本不一样，第二次大战是为了一种理想打的。这个话得到普遍的承认。可是，仗打完了的时候，竟把为它打仗的理想忘得一干二净。有些人说，这由于那批人的私欲作祟，话当然中肯。不过我们说起来，还由于那批人的愚蠢透顶。如果减轻他们的愚蠢，他们的私欲也就渐渐消除了。他们的私欲消除净尽，当初的理想也就渐渐实现了。那时候，只有增进他们的生活幸福，决不会损伤他们的一根毫毛。原来当初的理想是一种极平凡而极切实的理想，无非要世界各国彼此和平相处，各国的人在物质上精神上都能过好好的生活，如此而已。这样的理想，决非要亏损什么人去补益什么人，不过希望大家都好就是了。说它平凡，因为其中没有新奇的意见，没有浪漫的言辞。说它切实，因为它可以建立全世界的秩序，可以改进全人类的生活。只有愚蠢透顶的人，才会在为这个理想打了一场惨酷无比的大仗之后，却把它忘得一干二净。

看了目前的情形，悲观的人也许要说理想已经被抛弃被虐杀了。我们可不这样想。我们眼睛看见，耳朵听见，有许多人在那里注重现实，同时不放弃理想。他们所以要注重现实，就为的他们怀抱着理想。不过他们不是在什么会场中发表演说，对什么记者发表谈话的人，所以他们的声音传播得不怎么广。可是也有传播得很广的，如大科学家爱因斯坦的一篇演说，最近美国商务部长华莱士的一篇演说。

爱因斯坦说：我们要求把原子弹的秘密公开宣布出来，同时要求全世界通力合作，把原子能的可怕的威力用在人类的福利上。这样简单的想法，守旧的人一定会举出无数"现实"来反对。可是，人类的危机与人类的希望，难道还不够现实吗？面对着这样的现实，还想依靠军备作保障，不是陈腐可笑吗？这危机是科学带来的，但是真正的关键还在人类的智慧，人类的心。我们不能用机械改变旁人的心。我们只能以身作则，从改变自己的心做起。我们必须明白，我们决不能计划战争同时又计划和平。——爱因斯坦这些话，彻头彻尾地表现出理想主义的色彩，但那是多么平凡而又多么切实的理想主义啊！

华莱士的演说，大旨是讨论和平与怎样取得和平。他说：各地的人从没有今天似的切望和平。假定近代战争需要我们付出四千亿元的代价，那么，我们乐意付出更大的代价以取得和平。但是，和平的代价是不能用金钱来计算的，要用人类的心和思想来计算。和平的代价该是大家放弃若干偏见，仇恨，恐惧和无知。以下华莱士谈到目前国际间的具体问题，这里不再引述，单就上面引述的发端辞来看，可知华莱士所怀抱的也是极平凡而又极切实的理想主义。

世界将往哪里走？好像是个不容易解答的问题。但是，世界是人的世界，人，最大多数的人，是世界的舵手，只要看舵手的意向如何，世界的趋向也就可以知道一大半了。现在虽然有一批人短视地注重现实，忘了他们曾经怀抱过的理想，最大多数的人却并不然。最大多数的人注重现实，同时不放弃理想，岂但不放弃，并且坚持理想。那理想不是无中生有，从空想来的，是从现实生活中体验得来的，如果不把它实现，人类没法好好儿生活下去。爱因斯坦说起人心，华莱士也说起人心，人心如此，世界的趋向就可以明白了。

1946年10月1日发表

四个有所

有所爱，有所恶，有所为，有所不为。

四个"有所"联成一串儿。

兼爱是个理想。在还有善恶正邪的差别的时代，不能不"偏爱"那些善的正的。同时就得恶那些恶的邪的。若不恶那些恶的邪的，就是并没有爱那些善的正的。如果恶的一边恶得不强烈，也就是爱的一边爱得不深切。爱了恶了，只是意向方面的事儿，如果不发而为行为，与没有这些意向并无不同。所以要有所为。为，就是把爱的意向恶的意向发而为种种行为，在种种行为上表现出来。行为方面干得愈积极愈有劲儿，就是爱的意向愈深切，恶的意向愈强烈，而且，这才不枉有了这些意向，是真正有了这些意向。同时，凡是与这些意向违反的事儿自然不愿干，不屑干。当前是些所爱的人，却去欺侮他们，给他们吃些苦头，肯吗？明明是件所恶的勾当，却昧良违心的干去，肯吗？这就是有所不为。

所以说，四个"有所"联成一串儿。

行为决定于意向。意向，就是爱与恶，要求其得当，先得辨别善恶正邪，不至于错失。怎么才能不至于错失呢？就人来说，无论善恶正邪，大家总喜欢自居于善的正的一边。譬如当今时代，革命算是善的正的了，不像前清末年那样算是反叛，要杀头，就谁都喜欢自居于革命的一边。跟人家不大合意的时候，不免想骂几句，就说人家不革命，或者反革命。这当儿，到底谁革命，谁不革命，谁反革命，不是好像很难辨别吗？

这不过好像很难而已，实际上并不难。所谓革命，无非要摧毁那些束缚人压迫人的制度，钳制那些欺侮人剥削人的人，使大家得以在自由平等的新天地中做人，过日子。这个说法假如没有错儿，那么，无论是谁，他口头嚷着革命没有用，他到底革不革命还得看他的行为来判断。如果他干的是摧毁和钳制这方面的事儿，同时对于建设自由平等的新天地尽一分力，他就是革命的。如果他袖起手来，既不干摧毁和钳制这方面的事儿，也不在建设那方面尽什么力，他就是不革命的。如果他非但不摧毁，还要拥护那些束缚人压迫人的制度，非但不钳制，还要亲自当个欺侮人剥削人的人，他就是反革命的。这不是很容易辨别吗？

以上就辨别人的善恶正邪而言。对于一切事物，也如此。

我们是人，辨别一切事物的善恶正邪，与辨别人的善恶正邪一样，也以人为根据。肠子里帮助消化的细菌是好的，病菌是不好的；足以发电的瀑布激流是好的，洪水险滩是不好的；帮助他人成功立业是好的，帮助他人为非作歹是不好的；说一句算一句是好的，信口开河，说谎欺人是不好的：诸如此类，无非就对于人的利害而言。

我们人又必须合群，离开了群就无所谓人生。所以利害不能单就个人看，要就许多许多人合成的群看。欺人，说谎，贪赃，枉法，囤积，高利贷，仗势霸占，把人当牛马，专制，独裁，诸如此类，对于干这些事儿的人是有利的，但是对于其他的人，人数或少或多，范围或小或大，总之是有害的，也就是对于群是有害的。因此之故，这些事儿都是不好的，应该归到恶的邪的一边去。交通发达，世界各地的距离越来越近，各地人物质上与精神上的联系越来越密切，这时候，群的范围不限于一个民族，一个国家，全世界的人就是一个大群。就对于大群的利害看，毫无疑义，侵略主义与法西斯主义应该归到恶的邪的一边去，即使是日本人或德国人，也应该把它归到恶的邪的一边去。自然，这不过举例而言。

有利于群，是好的，有害于群，是不好的。这个话虽嫌平凡而且抽象，却极扼要。据以辨别一切事物的善恶正邪，也就虽不中不远矣。

辨别既明，意向——就是爱与恶——自然不至于不得其当。意向得其当，发而为行为，自然不至于有多大错儿。

于是，有所爱，有所恶，有所为，有所不为。

1945年2月1日发表

"瓶子观点"

一个空瓶子，里边没有东西。把什么东西装进去，就不是空瓶子了。装得满满的，就是实瓶子了。

不知道从什么时候起，我们爱把受教育的人看成瓶子。瓶子里短少些什么，就给装进些什么。譬如，发觉思想政治教育不够好，立刻想到恢复政治课，发觉学生的劳动观点不怎么强，他们不怎么热爱劳动，立刻想到在语文课里补充些"劳动教材"（有关劳动模范、先进生产者之类的文章）。这样做法，目的很明显，愿望很单纯。把政治课装进瓶子，思想政治教育就见成效了；把"劳动教材"装进瓶子，学生就加强劳动观点，热爱劳动了。

仔细想想，恐怕并不是这么一回事。

说唯有政治课能收思想政治教育的成效，言外之意就是其他学科跟思想政治教育不大发生关系，至少收不到什么成效。依我的想法，其他学科跟思想政治教育都有关系，只要教得好，都能收思想政治教育的成效。不着眼在其他学科上,光把希望寄托在政治课,政治课也会像其他学科一样,收不到思想政治教育的成效。

认为多读几篇"劳动教材"就可以加强劳动观点,热爱劳动,倒过来说,不就是学生所以不爱劳动,在乎少读了几篇"劳动教材"吗?天下事有简单到这般地步的吗?依我的想法,读几篇"劳动教材"固然没有害处,可是也起不了多大作用。我相信这是习惯的问题,是生活实践的问题。学生劳动的习惯,应该而且可能在各学科的学习中养成,在课外的各种活动中养成,逐渐养成,不断实践,这才能够终身以之。

正因为把学生看成瓶子,"装进些什么"的想头不召而自来。怎么"装"?一方面讲一讲,一方面听一听,在一讲一听之间,东西就装进了瓶子。东西既然装进了瓶子,瓶子里既然装进了东西,不是立刻会起作用吗?这诚然是个好意的愿望,可惜这样的愿望不免要落空。

瓶子是装东西的,当然不会独立思考。我们且不要责备学生不怎么善于独立思考,先得反省反省,我们的"瓶子观点"是不是学生不怎么善于独立思考的原因之一。

瓶子是装东西的,东西装在瓶子里,东西自东西,瓶子自瓶子,不起什么混合作用或是化合作用。两种作用都不起,还有什么旁的作用呢?于是巴望起作用的愿望落空。

我们有个好传统，求知识做学问要讲"躬行实践"，要讲"有诸己"。知识学问不是装饰品，为了充实生活，为了做社会里一个有意义的人，为了社会的进步和发展，所以我们要求知识做学问。小学生、中学生学的东西虽然浅，道理也一样。因此，什么东西都不能装了进去就算，装了进去考试能得五分也未必就好，必须使所学的东西融化在学生的思想、感情、行动里，学生的思想、感情、行动确实受到所学的东西的影响，才算真正有了成效。这不是"装"的办法所能做到的，这必须用名副其实的教育。讲一讲，听一听，固然也有必要，可是一讲一听不就等于教育。运用种种方法，使学生能够把所学的东西化为自身的东西（这就是"有诸己"），能够"躬行实践"，才是名副其实的教育。

我们现在有"学以致用""联系实际"的说法，就是从我们的好传统来的。"瓶子观点"跟这些说法不对头，换句话说，名副其实的教育不是这么一回事，可是"瓶子观点"时时露脸，很活跃似的。不免杞忧，于是写这篇短文。

1957年5月24日作
刊于1957年6月3日《文汇报》

对古今的厚薄

纪念"五四",谈谈对古今的厚薄。

厚,就是看重,就是认为了不起。薄,就是看轻,就是不放在心上。

假如我这个最浅近的解释不算错,那么,以前的农民似乎是厚古薄今的惯家。

有人说,农民的哲学可以归结成一句简单的话:向来这样,就不能那样。所谓"向来",不是"古"吗?不相信这样可以改变成那样,来适应当前的情况,所谓"当前",不是"今"吗?大家看农民的确如此,于是得到个共同的信念!农民是厚古薄今的,是最保守的人。

但是这个信念并不靠得住。新中国成立以后已经打破了好些,到最近就彻底打破了。请看,向来缺水的地方要变成水浇地,向来不种水稻的地方要种水稻,向来很沉重的体力劳动要创造种种工具来代劳……不仅是心里要,而且全都由实际行动做出来了。农民的哲学果真是"向来这样,就不能那样"吗?农民果真是厚古薄今的惯家吗?

推究的结果,以前的农民是让社会制度束缚住,所以只能拘于"向来",而不能就当前的情况做有利的变革。如果说他们厚古薄今,那只是出于不得已。现在经过土改,又经过合作化,在全民整风中,他们的社会主义觉悟更大大提高。他们知道凭自己的智慧和劳动,是可以改变那个"向来"的,是可以有所创新的,因而振奋人心的成绩天天见于报纸。他们唯求有利于社会主义,有利于全国人民,同时有利于自己而已,管什么向来不向来!如果说他们是厚今厚到了家的人,一点儿也算不得夸张。

现在说到知识分子。知识分子跟农民一样,同是新中国的公民,要是拘守向来,不顾当前,这不是厚古薄今的倾向吗?问题在哪儿,很值得深思。

1958年5月1日作

人生观

人生观虽是个不常挂在一般人口头的名词,可是每个人有他的人生观。求田问舍,成名立业,为社会造幸福,为学术界开辟新天地,痛痛快快享受一辈子,辛辛苦苦修炼灵魂的永生,都是一种人生观。若要一一开列,恐怕写满了十张纸还是有遗漏的。

自从咱们和日本打了仗,我就这么觉着,人生观的不同,虽也"各如其面",可是从今为始,咱们人生观一致了,彼此认定的是相同的一个,就是抗战建国。这并非政府的文告改变了咱们的思想,也并非咱们贪那"爱国"的美名,故意与大家一致,实在因为那是咱们目前唯一的基本的人生观。如果不对准抗战建国下功夫,求田问舍可能吗?成名立业可能吗?就是修炼灵魂的永生的宗教徒,来世的福利还没有把握,现世的生活却已同于牛马奴隶,不是非常难受的事情吗?这样想时,大家自然而然地趋于一致了。

人生观或是自觉的,或是不自觉的,都必然在行动中表现出来。将士们在前线浴血苦战。运输工人在日本飞机的威胁之下，淌着汗运送军械和货物。征调而来的民工在险峻的山地凿公路，在湍急的河滩开航道。矿工像蚂蚁一样，这里一群，那里一伙，一粒泥一粒泥似的把蕴蓄着的地利衔出来。学校师生聚集在破庙宇破祠堂里，不管设备怎样简陋，只是往知识和技术的高处爬，深处钻。在这些人的心里，不一定想着人生观的名词，然而他们这样做，不是在表现了那个唯一的基本的人生观吗？

再从另一方面说。在战地，无情的炮火，残酷的敌人，叫咱们受着家破人亡的痛苦；在后方，敌人飞机的轰炸，生活费用的增高，也叫咱们毁了家产，死了亲人，感着不安和困顿，不能够好好儿过日子。这些都是战争引起的，依理应该怨恨到战争了。但是咱们中间，怨恨这一回抗战，说"如果不要抗战多好呢"的人，竟没有一个！非但嘴上不说，而且心里也不想；仿佛这么想了，就要受良心的责备似的。这可见咱们都认这一回抗战是天经地义，为了它，即使受着顶重大的牺牲，也不该怨恨。这是前面所说那种人生观的消极的表现。

咱们有这样的一致，敌人却没有。咱们非抗战建国，就一切都谈不上，推究到根源，自然而然公认抗战建国为咱们的人生观。难道所有日本人也和咱们一样,非抱着侵略立国的人生观不可吗？他们只要想,不来侵略咱们,原可以好好地做他们的人,过他们的日子,就觉得侵略立国对于他们毫无意义了。他们在战场上,想家,受咱们的攻击,到非常痛苦无聊的时候,必然闪出一个念头：这究竟为的什么呢？当咱们的子弹打中了他们的身体,他们踏在生死交界线上的时候,也必然闪出一个念头：这究竟为的什么呢？在国内,儿子或是丈夫被征调了,事业衰落甚至于停顿了,生活费用增高到不能支持了,那时候,都必然闪出一个念头：这究竟为的什么呢？每一个"这究竟为的什么呢"都是对于侵略立国的否定。懦弱一点的只把它闷在心里,勇敢一点的就起来反战了。

要推断咱们和日本谁胜谁败,这关于人生观的一点是不该忽略的。

1940年9月21日发表

和平说

　　《扫荡报》改称《和平日报》，这个名字改得好，我极其赞同。在这个时候，"和平"两个字太可爱了。单是两个字没有什么可爱不可爱，可爱在"和平"两个字包容着无限的生意。好比看见了方才有点绿意的柳条，好比看见了从云层里透露出来的朝阳，好比看见了摇摇摆摆学走路，咿咿呀呀学说话的小孩儿：完全是生意，丝毫没有萧索、颓唐、衰败、死灭的意味，怎不教人可爱？说好比看见了什么什么，其实不大切当。人人心里有生意，人人不希望萧索、颓唐、衰败、死灭，这就可见和平是人人内心的愿欲，是坚强地抱持着的，不是存在外面，要待看见了才觉得可爱的。内心抱持着的愿欲，经人指名提示出来，见得人同此心，吾道不孤。这时候的欢喜是超过了看见了可爱的事物的。

　　凡是愿欲，必然期望它施于实际，见于事实。抱持越坚强，期望越真切。现在人人心里抱持着和平的愿欲，当然期望着事实上得到全面的和平，真正的和平。

说人人，不免有些武断，难道没有一些人不要和平要捣乱吗？说我武断，我也承认，我的确不曾把每一个人的心做过测验。但是，我有个辩解，至少表面上没有一个人说过不要和平，要捣乱，这就可见和平是多数人共同的愿欲；即使有人不要和平，也不敢公开表示，所谓"众怒难犯"，就是这个意思。既然没有一个人公开表示不要和平，我们就形迹上说，就是人人抱持和平的愿欲，似乎也未为不可。

要事实上得到全面的和平，真正的和平，单靠期望是办不到的，要实做，要大家努力，所谓"事在人为"。实做与努力的时候，有一些意识与态度必须去掉，否则就南辕北辙，和平绝对得不到。现在只说两点：一点是必须去掉私心，一点是必须去掉戾气。

私心是最愚蠢的心思。只知有自己，不知有人家，只顾自己的利益，不顾人家的利益，以为这样做去，自己就占便宜了，其实这是最吃亏的。私心充其极致，一个人只好独个儿生活，像鲁滨孙那样住在荒岛上。试问，鲁滨孙的生活好不好？人是靠着合群才能生活得好，个人与大群是息息相关的，这些道理在小学的公民教本上就有提起，并不是骗骗小孩子的胡言乱语，实在是积聚人类经验的精要之谈。要讲合群，就得去掉私心。去掉私心不是抹煞自己,是放开怀抱,与大众同心协力,从而充实自己,发展自己。大家都好,个人会不好吗?要计较便宜吃亏,这是最便宜的了。然而偏有人连小学公民教本上的话都忘了,以为私心是便宜,去掉私心就是吃亏,岂非愚蠢之至?个人愚蠢原也无所谓,无奈私心不去,人家就受到他的坏影响。权力,他要抓在一个人手里,钱财,他要藏在一个人袋里,主意要他一个人出,饭要他一个人吃,这么搞起来,大群会不乱吗?会有什么和平吗?要得到和平,必须合群,必须人人去掉私心。去掉私心容易不过,只要把小学公民教本温习一遍,加上身体力行,就成了。

戾气,是与私心有关联的。内里怀着私心,表现在外面大体可以分两路。一路是笑嘻嘻,假殷勤,甜言蜜语,说得人家看不出他的私心。一路是竖眉横脸,大声嚷嚷,动不动举起拳头,表示谁要碰他,他就不客气,这是毫不隐藏他的私心,就他的神情姿态说,这就是戾气。我说戾气与私心有关联,就指后面一路而言。戾气充其极致,就成希特勒、墨索里尼、日本军阀。就微细而言,街头巷尾,扭住胸膛,骂声满口,也是戾气之所钟。戾气在哪里,哪里就没有和平可言。希特勒、墨索里尼、日本军阀的戾气,搅得全世界天翻地覆,人类若真有一星一毫的聪明，还不赶快觉醒，把中在身上的戾气消除净尽吗？消除戾气，要存仁心，要有诚意。用仁心诚意对人，就觉得人人是我的好朋友，好伙伴。无论商量什么，合作什么，自然有一种慈祥之气表现出来。仁心诚意，并不是道学家的艰难的功夫，实是匹夫匹妇都办得到的：谁去掉私心，谁就没有戾气了。

　　我写到这里，自己把前面的文字看过一遍，好像在什么学校里作训话似的。各样的说话，唯有训话最没有效果。这个人也训话，那个人也训话，几曾见在听众身上收到了实效？我一向看清这一点，却偏偏要说些训话似的话，要去掉私心啊，要去掉戾气啊，这叫明知故犯。我不怕我的话等于白说，只望抱持着和平的愿欲的人，并非听我的话，却从实生活中体验出来，自己勉励，与人相互勉励，去掉私心，去掉戾气，使全面的和平真正的和平从早抓在我们手里：在这个时候，和平太关紧要了。

1945年11月3日作